나쁜 회사
재무제표

이메일 vegabooks@naver.com 홈페이지 www.vegabooks.co.kr
블로그 http://blog.naver.com/vegabooks
인스타그램 @vegabooks 페이스북 @VegaBooksCo

좋은 투자와 돈의 흐름을 읽는 가장 쉬운 방법

나쁜 회사 재무제표

이대훈 지음

베가북스
VegaBooks

나쁜 회사 재무제표를 알면
무엇이 달라질까?

어느 날 주식을 조금씩 하던 친구가 나에게 물었다.

"투자하기 좋은 회사와 나쁜 회사가 있을 텐데, 이런 회사들 재무제표는 대체 어떻게 생겼냐?"

갑작스러운 질문이어서 당시 나는 제대로 된 답변을 해주지 못했다. 그런데 곰곰이 생각해보니 나쁜 회사 재무제표는 '그것'만의 전형적인 모습이 있다. 회계사로서 겪은 경험을 잘 버무려 이야기하면 쉽게 설명해줄 수도 있을 것 같았다.

오래전 주식투자를 하다가 연봉만큼의 손실을 봤던 때가 떠올랐다. 당시에 지금의 나처럼 나쁜 회사 재무제표를 알아볼 수 있었다면 어땠을까? 아주 조금이라도 알았다면 소중한 내 재산을 쉽게 날리지는 않았을 것이라는 확신이 들었다.

나쁜 회사 재무제표의 전형적인 모습은 분명히 존재한다. 다만 재무제표 자체에 접근하는 일이 어렵다는 인식이 지배적이라 고민이 됐다. 이 진입장벽부터 낮추는 것이 중요하지 않을까.

한 번만 읽어도 어느 정도 감을 잡고, 궁금할 때마다 펼칠 수 있는 책을 엮는다면 여러 사람에게 도움이 될 것 같았다. 열심히 모아온 재산을 무의미하게 날려버렸던 '옛날의 나'와 같은 사람이 나오는 것을 조금은 막을 수 있을 것이다. 그래서 일단 써보고 나서 고민하자 생각했다.

기업의 재무제표는 재무상태표, 손익계산서, 현금흐름표, 자본변동표, 재무제표 주석과 같은 항목들로 이루어진다. 재무제표 각각의 항목에는 숱한 정보가 담겨 있다. 그런데 이런 정보들이 좀 어렵게 표시되어 있어서 사람들이 주로 보는 것은 당기순이익과 차입금, 매출액 정도로 한정되곤 한다. 나쁜 회사들이 사람들을 속이기에 정말 좋은 환경이다.

재무제표의 모든 계정과목은 생기고 사라지는 것을 반복한다. 매출이 발생하면 매출채권이 생기고, 매출채권은 현금으로 바뀌면 사라진다. 그 현금으로 원재료를 사고 생산을 하면 재고자산이 생긴다. 그 재고자산(제품)을 판매하면 재고자산은 사라지고 매출채권이 다시 생긴다. 순환의 연속이다.

다들 잘 알겠지만, 뭐든 과하면 좋지 않다. 조금씩 적당히 가지고 있는 것은 좋은데 아예 없거나 지나치게 가지고 있다면 문제가 된다.

기업도 그렇다. 어느 순간부터 시간이 흘러도 변하지 않고 그대로 있거나 줄어들지 않고, 계속 늘어나기만 한다면 문제가 생길 수밖에 없다.

예를 들어 기업이 성장해서 자연스럽게 증가한 것이라면 문제가 되지 않는다. 그런데 몸집은 전혀 커지지 않았는데, 어느 특정 부분만 줄어들지 않고 계속해서 커지기만 했다면 문제가 발생한다.

사람을 죽게 만드는 주된 원인 가운데 하나인 암도 원래 정상적이었던 세포가 비정상적으로 커져서 주체하지 못하는 상태에 이른 세포 집합체를 말하는 것처럼, 기업의 건강을 망치는 것도 일관성 없이 비정상적인 변동의 지속이 주요 원인이 된다.

재무제표의 구성과 흐름

기초 재무상태표

기초자산 800	기초부채 600
	자본금 100
	자본잉여금 100

손익계산서
- 매출액
- 매출원가
- 매출총이익
- 판매비와 관리비
- 영업이익
- 영업외손익
- 법인세
- 당기순이익

현금흐름표
- 영업활동현금흐름
- 투자활동현금흐름
- 재무활동현금흐름

기말 재무상태표

기말자산 1,000	기말부채 600
	자본금 100
	자본잉여금 100
	이익잉여금 200

나쁜 회사 재무제표

글을 쓰고, 책을 엮으면서 '너무(too much)'라는 단어를 활용하고자 노력했다. 재무제표의 모든 계정과목은 다 존재의 이유가 있다. 그럼에도 불구하고 '너무'라는 단어가 앞에 붙을 경우엔 문제가 된다는 사실을 분명히 알려드리고 싶었다.

그래서 이 책에는 지금껏 봐온 무수한 재무제표를 '너무'라는 단어를 사용해 분류해 두었다. 독자님도 어느 회사의 재무제표를 들여다보다가 뭔가 '너무' 특이하거나 과하다는 느낌이 들었다면 이 책을 펼쳐보시길 권한다. 책에 나오는 내용과 정확하게 맞아떨어지는 경우가 아니더라도 어느 정도 유사한 케이스와 감을 잡을 수 있을 수준에 이를 수 있을 것이다.

이 책은 다음과 같이 구성되어 있다. 1장은 너무 특이해 보이는 재무제표에 주목했다. 뭐가 특이하면 불안해 보이는 것이 정상이기 때문에 처음엔 눈에 띄기 쉬운 부분으로 시작했다. 다음 장에서는 너무 많아 보이는 것에 집중했다. 적은 것도 문제지만, 지나치게 많으면 결국 문제를 발생시킨다는 점을 알려드리고 싶었다.

3장에서는 자격 미달인 기업의 전형적인 모습과 재무제표에서 반드시 살펴봐야 할 핵심 포인트를 귀띔해 두었다. 4장에서는 이상해 보이긴 하지만 나쁘다고 하기엔 모호한 사례들을 모아서 설명했다. 1장에서 4장까지의 내용을 눈여겨보는 것만으로도 나쁜 기업이 가질 수 있는 대표적인 재무제표를 선별할 수 있는 어느 정도의 능력치를 줄 수 있으리라 확신한다.

네이버 블로그(blog.naver.com/zhowoon79)에 올린 글 중에서 제법 인기 높고 관심을 얻었던 글은 재무제표와 관련된 용어들의 차이를 귀띔한 것이었다. 아마도 많은 사람이 차이점에 대한 명쾌한 설명을 듣고 싶어 하기 때문이 아닐까 싶다. 그래서 '차이로 알아보는 재무제표'라는 제목으로 2가지 비교 대상의 차이점에 대해 최대한 쉽게 풀어 쓴 부록도 덧붙여 보았다.

마지막으로 상장폐지에 대한 다양한 조건을 쉽게 이해할 수 있도록 정리해 두었다. 한국증권거래소에 아주 상세한 자료가 정리되어 있긴 하다. 하지만 접근성이 떨어지고, 쉽게 이해하는 데 진입장벽이 높은 것 같아 최대한 그림과 사례를 이용해 풀어보았다. 상장

나쁜 회사 재무제표

폐지 요건만 제대로 알아도 상당한 위험을 피할 수 있다고 본다. 부록으로 따로 정리해 놓았기에 수시로 참고하면 좋을 듯하다.

　노력했지만, 회계사이기 때문에 내용에 대한 설명이 다소 건조하고 세련되지 않을 수 있어 걱정이 들기도 한다. 하지만 첫술에 배부르지는 않을 것이기 때문에 우선 용기 내어 책을 엮었다. 앞으로도 수정과 보완이 필요한 책이라는 점을 잘 알기에 더 공부하고 준비해서 계속해서 다듬을 수 있도록 하겠다.

　모든 변화에는 정당한 이유가 있고, 납득이 되어야 한다. 납득할 수 없는 변화는 대부분 비정상이라고 보면 된다. 납득시키기 어렵기 때문에 주절주절 관련 설명도 길어지고 어렵다.

　이 책을 통해 나쁜 회사 재무제표에 대해 파악할 수 있다면, 적어도 문제가 될 만한 회사를 만났을 때 주의를 기울일 수 있을 것이다. 재무제표를 통해 나쁜 회사를 제대로 구분할 수 있다면 투자하기 좋은 회사도 쉽게 찾아낼 수 있으리라 믿어 의심치 않는다.

2022년 9월

해운대를 바라보며, 이대훈

이 책을 꼭 읽었으면 하는 분들

내 부탁으로 책의 초고를 봐주던 친구가 말했다. 자신이 몸담고 있는 은행 직원들도 이 책을 읽었으면 좋겠다는 말과 함께 조심스럽게 의견을 건넸다. "프롤로그에 책을 펴낸 간략한 이유를 적긴 했던데, 이 책을 꼭 읽었으면 하는 독자들을 구체적으로 언급하면 어떨까?"

솔직히 책의 제목만 볼 때는 재무제표에만 집중되어 있다는 느낌이 크다. 눈에 쉽게 띄도록 나름대로 고민해서 정한 책 제목이긴 하지만, 걱정스러운 부분도 있었다. 부정적인 단어(나쁜 회사)와 부담스러운 단어(재무제표)의 조합이라 책 내용을 보기도 전에 지레 겁을 먹고 읽기를 포기할 사람들도 있을 것이라는 생각도 들었다. 결론적으로 친구의 의견은 내가 고민했던 부분을 정확히 짚어낸 셈이었다.

우선 이 책은 애초부터 재무제표에 대한 관심이 없었고, 지금도 관심이 없는 사람들을 위한 책은 아니라는 점을 말하고 싶다. 과거에는 재무제표가 중요하다는 것을 알긴 했지만 섣불리 접근하지 못했던 사람들과 이번에는 마음먹고 공부를 해보려고 하는 이들을 위한 책이다. 재무제표를 공부하기 위해 한 번이라도 서점에 가봤거나 구매해서 펼쳐보려는 시도를 했던 분들을 위한 책이다.

솔직히 재무제표가 중요하다는 것은 알고 있지만, 뭐가 뭔지 모르겠고 어려워서 매출액, 영업이익, 당기순이익, 차입금만 살펴보는 것으로 대신하고 있는 투자자들이 꼭 읽었으면 한다. 이 책은 재무제표가 제시하는 다양한 정보의 의미를 나쁜 회사라는 특정 대상을 통해 설명하고 있어서 보다 쉽게 이해할 수 있을 것이다.

그리고 유튜브 〈삼프로TV〉 등 주식투자 관련 프로그램을 자주 본다면 이 책이 많은 도움이 되리라 확신한다. '묻지마 투자'가 아닌 가치투자를 지향하는 독자라면 더욱 정독을 권하고 싶다. 물론 이 책보다 더 많은 정보를 담고 있는 서적은 많을 수 있지만, 재무제표에 대한 감을 잡게 해주는 가이드로는 손색이 없을 것이다. 〈삼프로TV〉에서 재무제표에 대한 공부를 시작하라고 종종 말하는데, 이 책을 본 이후에는 왜 그렇게 말했는지 쉽게 이해할 수 있을 것이다.

투자 과정에서 많은 손실을 본 분들에게도 도움이 될 것이다. 특히 과거의 나처럼 한 번이라도 상장폐지 경험이 있는 사람들은 필수 도서라고 생각한다. 아마도 이 책을 보면 그 당시 어떤 부분을 간과

했기에 나쁜 회사들에게 속아 무기력하게 당할 수밖에 없었는지 그 이유를 알 수 있을 것이다. 그리고 이제는 공부를 통해 제대로 된 투자를 할 수 있을 듯한 용기를 얻을 수 있을 것이다.

기업 내 재무제표 분석과 이해가 요구되는 업무를 하시는 직장인 분들에게도 큰 도움이 될 수 있다. 재무제표 분석은 미래를 추정하기 위해서도 필요하고 기업의 기본기를 알기 위해서도 필요한 필수절차다. 이 책은 구체적인 기법보다는 재무제표 분석이 왜 필요한지 이유를 설명해주고 그 중요성에 대하여 구체적으로 느끼게 해줄 것이다.

마지막으로 이제 막 재무제표 공부를 시작하려고 하는 회계·경영 전공 학생이나 관련 시험을 준비하는 분들에게도 도움이 되리라 믿는다. 회계와 재무제표는 외워서는 정복하기 어렵다. 어떻게 돌아가는지 알고 있어야 쉬워지고 재미있어진다. 이 책은 쉽게 읽히지만, 그 깊이가 얕지 않다. 전문서적을 읽기 전에 워밍업으로 읽어보기에 적당한 책이다.

처음부터 어려운 책을 읽으면 흥미가 반감된다. 그래서 쉽게 읽히면서도 전문적인 내용을 담고자 노력했다. 독자층에 따라 한 번 읽어서 이해가 안 될 수 있기 때문에 필요할 때마다 참고서적으로도 활용할 수 있도록 했다.

여전히 부족하지만, 이 책을 읽었으면 하는 분들이 실제 읽어보

고 "나도 이제는 재무제표를 제대로 볼 수 있다"는 자신감이 생겨나

기를 간절히 희망한다.

| 차례 |

3장 | 너무 자격 미달이라 — 나쁜 회사 재무제표

4장 | 너무 의심스러워 — 나쁜 회사 재무제표

부록 1 | '차이'로 알아보는 재무제표

부록 2 | 나쁜 회사가 두려워하는 상장폐지 요건

1장

녀무 특이해서
— 나쁜 회사 재무제표

실제 매출이 맞긴 맞아?
— 이상한 매출채권

손익계산서에 표시되어 있는 매출액은 사실이 아닐 수 있다. 다행인 것은 재무상태표에 계상된 매출채권으로 매출액이 진짜인지 가짜인지 확인해볼 수 있다는 것이다.

기업은 영위하고 있는 사업을 통해 매출을 올리고 벌어들이는 현금으로 재투자하거나 투자자 등에게 되돌려준다. 아주 당연하고 일반적인 사업 흐름이다. 매출을 올리면 공급자인 기업은 바로 현금으로 대가를 수령하지 못한다. 먼저 물건을 주고 돈은 나중에 받는 외상 거래가 일반적이다. 이때 발생하는 것이 매출채권이다. 대가를 어음으로 받으면 #받을어음으로 처리하고 나머지는 #외상매출금이라는 계정으로 관리한다.

이런 매출채권은 거래처와 협의한 대금 지급기준에 따라 정도의 차이가 있기는 하나 일반적으로는 매출액이 늘면 매출채권은 따라서 커진다고 보면 된다. 그렇기 때문에 올해 매출액이 예측되면 연말 계상될 매출채권 금액 수준은 어느 정도 짐작이 가능하다.

예를 들어 2021년 말에는 매출 1,000억 원에 매출채권이 100억 원이 재무제표에 계상되어 있었다. 2022년에는 매출액이 2,000억 원으로 예상된다. 그렇다면 2022년 말에는 얼마의 매출채권이 계상되는 것이 적당할까? 2021년 말에는 매출채권이 매출액 대비 10% 수준으로 남아있었으니 2022년에는 매출액이 2,000억 원이므로 동일한 10% 수준인 200억 원의 매출채권이 연말에 남아있는 것이 합리적일 것이다.

이러한 추리는 간단하지만 상당히 설득력 있는 방식이다. 물론

매출채권회전율은 매출액을 기중 평균 매출채권으로 나눈 값으로 매출채권이 현금으로 바뀌는 속도를 보여준다. 일반적으로 회전율은 높을수록 좋다.

매출채권 분석의 필요성

(단위 : 억원)

구분	2018년	2019년	2020년	2021년	2022년
매출액	600	800	1,000	2,000	1,500
매출채권	55	90	100	500	800
매출채권(%)	9.17%	11.25%	10.00%	25.00%	53.33%
차입금	300	350	320	600	800
총자산대비차입금%)	30.00%	31.82%	24.62%	37.50%	40.00%
총자산	1,000	1,100	1,300	1,600	2,000

각 거래처별 거래 비중에 따라 매출채권회전율*을 분석해 연말 매출채권을 보다 상세하게 추정할 수 있겠지만, 분석의 단순화를 위해 간단한 방법으로 설명하도록 하겠다.

표를 보면 2021년 매출액은 2,000억 원을 달성했지만 놀랍게도 2021년 말 매출채권은 500억 원이나 계상되어 있다. 매출액은 전기 대비 100% 증가한 것에 비해 매출채권이 무려 500%나 증가한 것이다. 어떻게 이런 결과가 발생한 것일까? 아마도 특정 거래처에 대한 매출이 연말 근처에 발생하지 않았을까 하는 추정이 가능할 것이다.

실제로 확인해보니 특정 거래처(특수관계자 아님)와의 대형 거래가 12월 초에 발생했다. 뭐 사업을 하다 보면 비경상적인 거래가 발생할 수도 있으니 어느 정도 납득할 수는 있다.

의심을 뒤로하고 1년이 지났다. 2022년에는 매출액이 2,000억 원에서 1,500억 원으로 오히려 줄었다. 경기 불황 탓도 있겠지만 경쟁 업체가 우후죽순 생겨나면서 시장 내 경쟁이 치열해진 것이 주된 원인으로 파악됐다.

그런데 내 눈을 의심하지 않을 수 없었다. 매출채권이 800억 원인 것이다. 전기 대비 매출액이 줄었는데도 매출채권은 증가한 것이다. 작년과 마찬가지로 연말에 매출이 집중된 것일까? 확인해보니 '들어보지도 못한 이상한 회사명을 가진 거래처'에 대한 매출액 500억 원이 12월에 계상되어 있었다. 신생 업체 같기도 한 회사에서 무려 500억 원의 제품을 구입한 것으로 확인됐다.

정리하면 매출액은 3년에 걸쳐 1,000억 원에서 1,500억 원으로 50% 증가했고, 누계 매출액은 4,500억 원으로 평균 매출액도 1,500억 원이다. 그러나 매출채권은 100억 원에서 800억 원으로 무려 800% 증가했다.

단도직입적으로 말하면 이러한 재무제표는 전형적인 나쁜 회사 재무제표다. 주로 매출 감소를 두려워하는 기업의 재무제표로 매출채권은 가공 매출이거나 회수가 거의 불가능한 매출채권일 가능성이 매우 높다.

이에 덧붙여 매년 증가한 차입금을 살펴보면 의심을 확신으로 바꿀 수 있다. 보이기로는 매출과 자산이 동시에 증가하는 급성장 기업으로 오해할 수 있으나 회수하지 못한 매출대금만큼 외부로부터 계속해서 돈을 조달해 현금부족을 해결하고 있었던 것이다. 이렇게 연도별 매출채권과 매출액의 비율만 간단히 살펴봐도 문제가 있는 회사인지 여부를 단번에 확인할 수 있다.

매출 200%, 500% 증가라는 문구에 현혹되지 말자. 항상 공격적으로 성장하는 기업에는 반대급부가 있게 마련이다. 투자 등 의사결정 전에 매출액 대비 매출채권 비중을 더도 말고 덜도 말고 딱 3년치만 확인해보자.

외상매출금과 받을어음 차이

외상매출금(Accounts Receivable)과 받을어음(Notes Receivable) 둘 다 매출채권이다. 뭐가 다를까?

외상매출금은 정해진 날짜에 받지 못한다 해도 바로 부도 처리가 되지 않는다. 반면 받을어음(지급어음)은 현금으로 지급하는 시기(만기)가 정해져 있기 때문에 만기에 결제가 안 되면 부도 처리된다는 것이 가장 큰 차이다.

어떤 기업은 외상매출금(대금) 지급 시점에 받을어음을 지급하는 것으로 대금 지급을 대신하는 경우도 있어 매출채권 회수라고 해서 현금이 회수되는 것이 아닌 외상매출금에서 받을어음으로 바뀌는 수도 있다. (엄밀히 말하면 받을어음을 받는 것은 매출대금 회수가 아니다)

이런 받을어음은 앞서 말한 것처럼 은행에 일정한 수수료를 지급하고 미리 현금을 은행으로부터 받을 수(할인)도 있고, 어음 자체를 다른 매입거래처로 현금 대신에 결제할 수(배서)도 있다. 상거래에 있어 이런 어음은 원활한 거래활동을 지원하는 측면(일일이 현금을 확보하고 변제하는 행위를 하지 않고)에서 매우 유용하다.

한편 어음 발행처가 삼성전자나 현대자동차와 같은 대기업이라면 은행은 안심하고 어음을 담보로 돈을 빌려줄 수도 있다. 반드시 삼성전자 등과 같은 대기업만 가능하다면 활용도가 높지 않을 수 있겠으나 대부분의 금융기관은 거래 대상 기업의

신용도를 고려해 대기업이 아닌 경우라 하더라도 어느 정도의 대출한도를 인정해 주고 있다.

결국 외상매출금과 받을어음 모두 짧은 기간 내에 현금화가 가능한 자산이기 때문에 금융기관에서도 확인되는 신뢰성에 따라 금융자산으로 활용이 가능하도록 여러 가지 금융 상품을 판매하는 것이다. 매월 일정한 현금 유입이 예측되고 거의 확실하다면 이를 토대로 미리 돈을 빌려주는 것은 꺼릴 이유가 전혀 없다.

정리하자면 외상매출금과 받을어음 모두 매출을 원인으로 미래에 받을 돈이 있다는 것을 나타내는 채권이다. 일부러 구분한다면 받을어음이 조금 더 현금화가 쉽고 돈 떼일 위험이 그나마 적다는 정도 아닐까? 이렇게 기본적인 개념을 알면 재무제표 보기가 한결 쉬워진다.

밀어내기 한 것 같은데?

─ 대리점 매출채권이 갑자기 증가하는 경우

밀어내기는 매출을 억지로 만드는 대표적인 방법 중 하나다. 문제는 밀어내서 만든 매출이 진짜 매출이 아닐 수도 있다는 것이다.

지금까지 잘 거래해 오던 대리점과의 거래가 갑자기 중단되고 신규 대리점에 대한 거래금액이 급증했다. 매출액은 전기 대비 유사한 수준임에도 이익률이 상승했다. 뭔가 비정상적인 활동이 있었고 이익률이 기업에 유리하게 변했다. 재무제표가 왜곡되지 않았을까 하는 의심이 들기 시작한다.

제약, 공구 툴, 페인트, 주류 등의 제조 및 판매사는 대부분 중간에 대리점을 껴서 매출 활동을 촉진시킨다. 일반적으로 대리점은 각

지역별로 영업기반을 가지고 환경 변화에 민감하게 대응하는 등 매출 활동에 적극적으로 관여한다. 왜냐하면 매출이 일정 이상 유지되어야 고정비(인건비, 지급수수료 등)를 상쇄할 만한 이익을 창출할 수 있기 때문이다.

그런데 대리점 중에서 영업활동에 직접적으로 관여하고 매출과 관련된 위험을 완전히 부담하는 것이 아닌 그저 관련 제품 제조사의 지시를 받아 판매처에 납품만 대행하는 역할만 하는 곳이 있다면 이런 곳이 대리점이라고 볼 수 있을까?

외견상으로는 대리점으로 볼 수 있으나 그저 제조사의 지시에 따라 중간 유통(물류 대행 등) 역할만 수행하고 관련 수수료만 챙겨 가기 때문에 제조사와 한 몸이라고 봐도 무리가 없다. 그렇기 때문에 해당 대리점 창고로의 제품 반출은 매출을 인식할 수 있는 요건을 충족하지 못했다고 봐야 한다.

회계기준에 따르면 매출로 인식하기 위해선 재화의 판매로 인한 수익은 재화의 소유에 따른 유의적인 위험과 보상이 구매자에게 이전되고, 판매자는 판매된 재화의 소유권과 결부된 통상적 수준의 지속적인 관리상 관여를 하지 않을 뿐만 아니라 효과적인 통제를 하지도 않는 등의 일정한 조건이 충족될 때 인식해야 한다. 이렇게 이해하기 어렵게 쓰인 것을 간단하게 풀어 설명하자면 "제품이 보관 장소를 이동했다고 해서 무조건 다 판매로 볼 수 없다"는 것이다.

제품이 대리점이 관리하는 창고로 이동했다고 하더라도 제품 판매 전까지 모든 책임을 제조사가 책임을 진다면 이것은 아직까지 제조사의 재고자산이지 대리점의 재고자산이 아니다. 말 그대로 타처 보관 재고자산으로 봐야 하지 매출로 처리해서는 안 된다는 것이다. 그저 제조사의 위탁물(맡긴 물건)일 뿐이다. 그럼에도 불구하고 나쁜 회사는 이러한 재고자산의 불출을 전부 매출로 인식하고 관련 재고금액을 매출원가로 인식해 자산 및 이익을 왜곡시킨 재무제표를 만들고 있다.

예를 들어 친척들이 대리점을 운영하고 있다고 치자. 회사는 당장 일정 수준 이상의 매출을 올려야 하는데 지금 상황으로 봤을 때는 여의치 않다고 보고 있다. 매출이 감소하면 금융기관으로부터 대출 상환 압박이 있을 것이고 이자율도 큰 폭으로 오를 것이 분명하다.

그래서 친척들을 모두 모이게 하고 일단 본사에 쌓인 재고자산을 나눠서 다 들고 가달라고 요청했다. 그리고 세금계산서를 발행하긴 할 것인데 돈은 나중에 달라고 한다. 원래라면 세금계산서 발행 후 3개월 이내에 대금을 지불해야 하는데 6개월 내에만 지불하면 된다고 했다. 혹시나 판매가 안 되는 것은 전부 반품 받아준다고 약속하면서 제품을 미리 받아가는 것에 대한 불만을 최소화했다.

이런 경우에는 절대로 매출로 계상해서는 안 된다. 그저 재고자산을 친척들이 대신 들고 가져간 것일 뿐 여전히 회사의 것이다. #전형적인 밀어내기 매출 분식이다.

아울러 매출액이나 이익이 고만고만한 코스닥 상장사가 있는데, 주요 거래처 중 일부가 없어지고 갑자기 특정 신규 거래처에 대한 매출액이 큰 폭으로 증가했다면(전자공시시스템에 공시되는 사업보고서를 살펴보면 거래처 확인이 가능하다) 해당 거래처가 거래금액을 감당할 능력이 있는 규모인지 확인해보거나 특수관계자 여부를 확인해보자.

만약 100억 원이나 되는 거래가 이루어졌는데 거래 상대방 업체의 규모가 10억 원도 안 되는 회사라거나 알고 보니 친인척이나 지배주주가 개인적으로 운영하는 회사로 판명 날 경우에는 진짜 거래인지 충분히 의심해볼 여지가 있다.

전형적인 밀어내기 매출

코로나 사태로 유명해진 기업(S사)이 있다. 그런데 유명세와는 별개로 과거 분식회계 건으로 징계를 받게 됐다.

징계 이유를 요약하자면 회계 기준상 '수익 인식 요건을 충족하지 못한 제품 판매 거래'를 2011~2019년까지 약 8년에 걸쳐 매출액으로 잡으며, 전체 매출액을 과대 계상해 왔다고 한다.

쉽게 설명하면 실제 판매가 된 것이 아님에도 판매라고 우겨서 매출액으로 올렸다는 이야기다. 매출이 아님에도 손익계산서에 매출로 올려놓으면 미래에 받을 수 없는 매출채권도 재무상태표에 올라가게 된다. 허수 매출액이 올라가고 허수 자산이 올라가니 전형적인 분식회계다.

2021년 2월 22일자 관련 뉴스 기사를 한번 보자.

증권선물위원회(이하 증선위)가 S사 측의 피조사자 '분식 행위 확인서' 등과 같은 물증을 확보하지 않고, 이 같은 중징계를 내리지는 않았을 것이다. 2019년 11월 14일 S사는 회계분식된 사업보고서(2018.12)와 분기보고서(2019.3) 및 반기보고서(2019.6) 등의 연결재무제표를 바르게 재작성한 '기재정정보고서'를 금감원의 전자공시시스템에 공시했었다.

S사의 회계분식 중 특히 눈여겨 살펴봐야 할 점은 '매출액 과대계상과 개발비 과대계상'이다. 투자자들에게 아주 중요한 정보인 손익상태를 장기간 양호하게 보이도록 왜곡했다. 증선위는 S사가 국내외 대리점에 대해 납품처·품목·수량 등을 지정해 판매하도록 하고 대리점의 미판매분에 대한 책임을 부담하는 등 제품이 최종 수요처에 판매된 경우만 수익으로 인식해야 함에도, 실제 주문량을 초과하는 과도한 물량의 제품을 대리점으로 임의 반출을 하고 이를 전부 매출로 인식함으로써 매출액 및 매출원가를 과대 계상하고 관련 자산을 과소 계상했다고 지적했다.

2021. 2. 22. 〈히트뉴스〉

매출 인식을 하기 위해서는 판매를 함과 동시에 판매 제품에 대한 위험(반품가능성 등)과 효익이 완전하게 구매자(고객)로 이전되어야 한다. 무슨 말이냐 하면 내가 중고거래를 했다고 치자. 그런데 중고물품 구매자가 이상이 있는지 없는지 확인하기 위해 며칠간 써보고 나서 대금을 준다고 한다.

그렇게 안 하면 거래를 안 한다고 하니 뭐 나중에 어떻게 되는 한이 있더라도 그냥 그렇게 하고 3일이 지난 뒤에도 이상이 없으면 계좌에 거래대금을 입금하는 것으로 합의했다. 이때 이 중고거래는 성사된 것일까? 아니면 3일이 지난 뒤에야 거래가 이루어졌다고 해야 할까?

해답은 후자이다. 막상 구매자가 내가 판매하는 물건을 가져갔다고 해도, 구매자가 이런저런 핑계를 대고 물건을 돌려줄 위험은 여전히 존재한다. 그렇기 때문에 중고거래 당시에는 거래 물건이 놓여있는 장소가 우리 집에서 구매자의 집으로 바뀌었을 뿐이지 달라진 게 없다. 즉, 판매가 아니다. 3일이 지난 뒤 판매가 이루어졌다고 봐야 합리적일 것이다. 그렇기 때문에 S사는 제품이 놓인 장소만 달라진 것만으로 매출로 계상해서는 안 된다.

그럼에도 불구하고 S사는 미판매재고에 대해서는 '회사가 책임지는 것'으로 약정하면서 대리점에 제품을 판매했음에도 대리점으로 판매한 제품 전부를 매출로 인식했던 것이다. 대리점에서 아무리 열심히 팔아도 팔리지 않은 제품은 전부 회사가 회수해서 처리해야 한다. 그렇기 때문에 대리점에서 최종 구매고객에게 판매가 되지 않은 이상 회사의 매출로 잡아서는 안 된다.

기업회계기준에서도 정당한 매출로 인식하기 위해서는 대리점에서 최종 구매자에게 판매가 됐을 경우여야 한다. 최종 구매자는 제품 보유에 따른 위험과 효익을 이전받을 것이기 때문이다.

정리하면 S사는 자체적으로 통제 가능한 별도 대리점에 소위 '밀어내기' 방식으로 제품을 출고한 후, 이를 전액 매출로 인식한 것이다. 이는 명백한 매출 과대(허위) 계상이라는 분식회계를 저지른 것이다.

매출 분식회계의 전형적인 사례								

(단위 : 억원)

구분	2011년	2012년	2013년	2014년	2015년	2016년	2017년	2018년
매출액	394	517	590	525	539	582	700	839
밀어내기 매출액	14.57	8.48	42.41	106.09	140.72	122.59	101.63	89.61
분식비율	4%	2%	7%	20%	26%	21%	15%	11%
매출채권잔액	241	323	468	542	600	561	513	360
매출채권비율	61%	62%	79%	103%	111%	96%	73%	43%

나쁜 회사 재무제표

그럼 분식회계가 발생 여부를 미리 의심할 만한 단서를 찾아볼까? 과거 2011년부터 2018년까지의 매출액과 매출채권 잔액에 대해 분석해보면 그 답은 쉽게 찾을 수 있다.

먼저, 매출채권 비율을 살펴보자. 2013년부터 2017년까지 매출채권 비율이 급격하게 증가한다. 이런 매출채권 비율은 기업이 처한 상황과 거래 환경에 따라 변하기는 하지만 일반적으로 큰 폭으로 변하지 않는다. 그렇기에 매출채권 비율이 높은 폭으로 변동했던 기간에 대해 충분히 의심을 가질 만하다.

분식을 단행했던 기간에 대한 매출액과 분식 매출액, 매출채권과의 관계를 분석해보면 2011년부터 조금씩 밀어내기 매출이 발생했으며, 2013년부터 그 비중이 급증해 2015년에는 전체 매출액의 약 26%가 밀어내기 가공 매출이었던 것으로 확인된다.

아마도 2012년 이후 크게 성장할 줄 알았던 매출이 정체 또는 하락될 것으로 예상됨에 따라 분식을 단행했던 것으로 추측된다. 어차피 대리점에 나간 제품은 팔릴 것이라는 전제 하에 그 비중은 점차 커지고 과감해졌다. 정말 다행스럽게도 S사는 사업이 본 궤도에 올라 2018년에는 매출채권 잔액과 매출액 대비 비중이 하락할 수 있었다. 그러나 만약 사업이 계속 정체했다거나 산업 자체가 하락 국면이었다면 상당한 어려움을 겪

었을지 모른다.

그 예로 연도 말 매출채권 잔액을 살펴보면 매출액 대비 비중이 매년 유의적으로 증가하는 것을 알 수 있으며, 특히 분식회계 규모나 비율이 가장 높았던 2015년의 경우 연간 매출액이 539억 원 대비 매출채권 잔액이 무려 600억 원으로 확인된다.

이는 1년 동안의 제품 판매대금을 대부분 회수하지 못했다는 '말도 안 되는 추측'을 하게 만든다. 또한 매출채권 회전율이 1조차 되지 않는다는 것은 매출이 늘어날수록 유동성 위기에 직면할 가능성이 높다는 것인데 현명한 경영자라면 사업을 접는 게 맞다.

그러나 일반적으로 매출채권 회전율이 1이 안 된다는 것은 일반적인 제품 판매가 주를 이루는 기업에는 나오기 힘든 수치다. 왜냐하면 프로젝트 매출이 아닌 이상 수시로 제품이 판매되고 대금이 회수되는 것이 일반적이기 때문이다. 결국 이런저런 분석 결과를 종합해 볼 때 매출이 허위일 가능성이 높다는 것에 비중을 두게 된다.

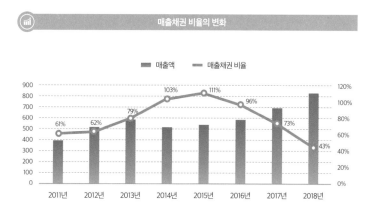

매출채권 비율의 변화

표에서 확인할 수 있듯이 회계 분석 비중과 매출채권 비율을 살펴보면 그 추이가 상당히 유사하다는 것을 확인할 수 있다. 그래서 우리(회계사)가 감사나 검토, 실사를 할 때에는 회사의 매출에 대한 실제 발생 사실이나 매출채권의 실재성을 판단하기 위해 과거 대비 매출액과 매출채권 비율의 추이 등을 반드시 비교 분석을 한다. 분석을 해보고 합리적인 해답이나 근거가 나오지 않을 경우에는 더 파고들어서 내용을 확인하는 것이다.

누군가에게 무엇을 물어봤는데 대답을 시원하게 들었다면 다음 절차로 쉽게 넘어가지만 우물쭈물한 탓에 제대로 된 대답을 듣지 못했다면 더 많은 질문을 하게 될 것이고, 많은 시간과 노력으로 이 숫자가 맞는지 확신을 얻으려고 할 것이다. 어찌 보면 정말 상식적인 절차다.

마지막으로 투자자를 포함한 재무제표 정보이용자들에게 당부드릴 것은 매출액과 이익이 증가했다고 마냥 좋아할 일은 아니라는 것이다. 거래가 복잡해질수록 그리고 회사의 분식 욕구가 높아질수록 언제든 분식회계는 발생할 수 있다는 것에 주의해야 할 것이다.

주의한다고 해서 모든 것에 의심하라는 것이 아니라 그저 현금흐름표와 비교를 해보거나 매출채권 대비 매출액 비율을 몇 년 동안이라도 확인해본 뒤 이상한 경우 의심을 해보라는 것이다. 소중한 내 돈을 투자하기 위해서는 이 정도의 노력은 필요하지 않을까?

언 발에 오줌 누기
─ 4분기 매출이 갑자기 급증한 경우

급한 불을 끄기 위해 억지로 만들어낸 것은 눈에 띄기 마련이다. 내년 매출을 올해 매출로 계상했거나 매출이 아닌 것을 매출로 계상하면 반드시 이상해 보인다.

상장사는 분기마다 보고서를 의무적으로 발행한다. 1분기, 반기, 3분기 보고서, 사업보고서… 이런 식으로 낸다고 보면 되는데 3개월치 실적과 재무상태를 주주 등 이해관계인에게 보고한다. 따라서 분기 매출은 상장사인 경우만 확인할 수 있고, 비상장사인 경우에는 외부감사나 실사를 위해 재무제표를 살펴보는 당사자들을 제외하고는 확인할 수 있는 길이 없다.

신뢰성 측면에서 본다면 사업보고서 > 반기보고서 > 분기보고서 순이다. 왜냐하면 제3자의 검토를 받는 수준을 고려할 때, 기말 실적에 대해 가장 높은 수준의 감사 절차를 진행하기 때문이다. 간단히 말해 분기보고서는 계속성 관점에서 볼 때 원래 신뢰성 있는 재무정보를 산출하는 기업에 있어서는 크게 문제될 것이 없으나 뭔가 이상한 짓만 골라 하는 기업 입장에서는 신뢰성이 현저히 떨어질 수도 있다는 점을 유의해야 한다.

왜 이렇게 서두가 길었냐 하면 기말에 근접한 매출이 다른 분기 매출 대비 급등했다면 재무정보의 신뢰성에 반드시 의문을 품어야 한다는 이야기를 하고 싶어서다. 매월 일정하고 균등한 매출을 올리는 업체가 있는 반면 계절성을 뚜렷이 보여주는 업체가 있다. 계절

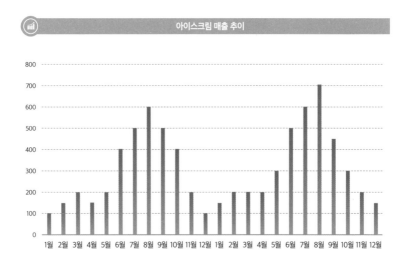

성이라는 것은 봄·여름·가을·겨울 각 절기마다 매출의 변동이 일정하게 변하는 것을 말한다. 예를 들어 아이스크림이나 스포츠음료를 생산해 판매하는 기업은 당연히 여름 매출이 높을 것이다. 이런 기업은 앞의 그래프와 같은 형태의 매출을 보인다.

전기와 당기 월별 매출 추이를 보면 유사한 형태를 보이고 있다. 이런 형태의 분기별 매출 변동은 지극히 정상적이라고 판단하면 된다. 특정 시점(3분기)에 매출이 급등하고 있기는 하나 전기 대비해 유사한 비율로 변동하는 것으로 볼 때, 매출은 정상적으로 발생하고 있는 것으로 보는데 무리가 없다.

그런데 이런 식으로 매출이 급증하는 것이 아니라 갑자기 11~12월에 몰아서 매출이 급등한 경우에는 어떻게 봐야 할까? 물론 오랫동안 영업활동을 해온 결과로 연말에 근접해서 매출을 인식하게 됐을 수도 있다. 그런데 연말에 근접해서 발생한 매출액 때문에 전기 대비 유사한 매출실적을 겨우 달성한 것이라면 이상하지 않을까?

기업은 매출이 감소하면 다양한 제재가 가해진다. 금융기관은 대출을 회수하려고 하고 이자율이 올라간다. 이미 상장된 기업에서도 미래 수익성 성장성 측면에서 의문을 가지게 해 향후 투자 자금 확보에도 상당한 어려움이 따른다.

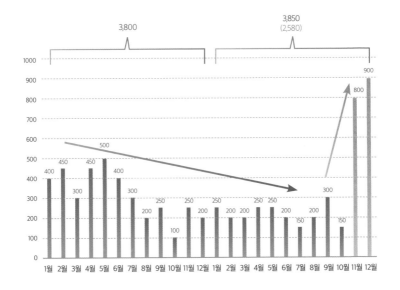

    그래서 매출이 감소할 것 같은 기업들은 어떻게 해서든 매출을
유지시키려 한다. 코스닥이나 유가증권에 상장된 회사들은 매 분기
실적을 발표하는데 어떤 코스닥 상장 회사는 희한하게도 3분기까지
누적 실적이 100억 원에 불과한데 연말 보고 실적이 200억 원이 넘
는다고 발표했다. 최근 3개월 실적이 지난 9개월 누적 실적을 뛰어넘
은 것이다. 상식적으로 도저히 납득 되지 않는다.

    그러나 이러한 부분도 재무 정보에 대한 관심을 가지고 있어야
판단할 수 있다. 관심이 없다면 그저 이 회사 매출이 연간 기준으로
는 줄어들지 않아서 다행이라는 생각으로 넘어갈 수 있다는 것이다.

한번 하는 것이 어렵지, 두 번은 쉽다. 이런 회사들은 어려운 고비가 찾아올 때마다 속이려고 들것이 분명하다. 따라서 이런 형태의 회사라고 판단되는 순간 바로 미련 없이 떠나자. 솔직히 #상장 폐지를 모면하기 위해 분식 매출로 투자자를 속이려는 상장사는 분명히 있을 것이다. 그럼에도 불구하고 쉽게 날뛰는 주가에 현혹되어 소중한 내 돈을 버리듯이 투자하는 사람들이 너무 많다. 운 좋게 높은 수익을 얻을 수도 있겠으나 운이 평생 좋을 수는 없다.

　나는 개인적으로 기업이 보여주는 신뢰성이 가장 중요하다고 생각한다. 눈속임을 통해 다행히도 한 번의 위기를 잘 넘겨서 이후 승

승장구해 해당 산업의 메이저 기업이 됐다고 치자. 기업은 희로애락의 연속이다. 위기는 한번 넘겼다고 하더라도 무조건 다시 찾아온다. 이전에 눈속임으로 위기를 넘겼던 기억은 더욱더 대담하게 완벽히 속이려고 할 것이다.

다시 한번 더 위기를 넘길 수도 있겠으나 만약 그렇지 않다고 한다면 피해를 보는 것은 결국 소액 투자자들일 가능성이 매우 크다는 것을 알았으면 좋겠다.

나쁜 회사 재무제표

상장폐지를 분식회계로 모면한다

매출액 때문에 상장폐지 대상이 될 가능성이 있는 기업은 일정 이상의 매출액을 만들기 위해 혈안이 되어 있을 것이 분명하다.

3분기까지 실적을 집계해보니 이대로 가서는 연말까지 기준 매출액을 초과 달성하기가 어려울 것 같다는 내부 의견이 지배적이다. 회사 경영진은 결국 분식회계로 매출을 만들기로 작정한다.

제일 만들기 쉬운 매출 형태는 상품 매출(남으로부터 사서 다른데 파는)이다. 이런 상품 매출은 제품을 직접 만들 필요가 없기 때문에 거래처만 개발해 놓으면 매출을 올리기가 용이하다.

가령 친척에게 부탁해서 회사를 하나 만들라고 하고 해당 회사에 발주를 부탁해 매출을 올릴 수 있다. 상장폐지 여부를 결정할 때 기준이 되는 매출액은 연결재무제표의 매

(단위 : 백만원)

A사(코스닥상장)	FY2019	FY2020
매출액	8,900	3,150
제품매출액	500	900
상품매출액(*)	400	2,200
용액매출액	8,000	50

(단위 : 백만원)

B사(코스닥상장)	FY2019	FY2020
매출액	8,900	3,400
제품매출액	8,900	1,600
상품매출액(*)	-	1,700
용액매출액		100

(*) 상품매출은 회사가 직접 제조하지 않고 구매한 물건을 팔아 올린 매출임.

요건	유가증권시장	코스닥시장
매출액	[관리] 50억 미만 [상폐] 2년연속	[관리] 30억 미만 [상폐] 2년연속

출이 아니기 때문에 더욱더 특수 관계 회사를 이용한 분식회계가 이루어지기가 쉽다.

특수관계자를 만들기가 어렵다면 기존 거래처에 제품을 미리 좀 사 가라고 부탁할 수 있을 것이다. 연말 결산을 통한 실적이 중요하니 내년 1월, 2월 매출 예정액을 미리 당겨서 올해 매출로 인식할 수 있다. 이런 경우 상대방 거래처는 부탁을 들어주는 대가로 여러 가지 무리한 조건을 요구할 것이고, 회사는 울며 겨자 먹기로 어쩔 수 없이 받아들일 수밖에 없다. 불리한 조건은 궁극적으로 기업가치에 악영향을 미치고 주주들의 재산을 좀먹는다.

중간에 끼어서 중간거래만 하고 상품 매출을 올릴 수도 있다. 그냥 아무것도 안 하고 중간에 세금계산서, 거래명세서만 주고받고 매출로 계상하는 것이다. 실질 거래는 다른 당사자끼리 이루어지는데 그냥 중간에 회사만 끼어서 계산서만 주고받

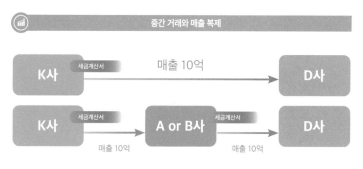

는 셈이다.

우리가 급여로 받은 돈을 다른 은행 통장에 보내면서 일정 요건을 충족시키면 우대를 받을 수 있듯이, 하나의 돈으로 거래만 여러 번 발생시키는 것으로 이해하면 쉽다.

영업하는 거 맞아?

― 비영업용자산 비중이 너무 높은 회사

영업용자산보다 비영업용자산 비중이 크다면 기업으로서 생명은 다했다고 보는 것이 맞다. 생명이 다해가는 기업에 투자하는 것은 어리석은 짓이다.

사업이 잘 된다. 앞으로도 잘 될 것 같다. 그렇다면 무엇부터 할까? 사업을 확장하려 할 것이다. 프랜차이즈라면 가맹점을 늘릴 것이고, 제조업이라면 새로운 공장과 기계장비를 사서 매출액을 극대화하려 할 것이다. 내 돈이 부족할 경우에는 외부 자금을 끌어들이기 위해 온갖 노력을 다할 것이다. 그래야 회사가 커지기 때문이다. 사업성이 확인된 이상 주저할 이유가 없다. 내 보유 지분을 희생한다고 하더라도 자금을 최대한 확보해 투자할 것이다.

이런 활동이 재무제표에 보인다면 미래에 어느 정도 가능성이 있다고 보면 된다. 회사가 사업 확장을 위해 열심히 움직이고 있다는 증거이기 때문이다.

반면에 재무제표를 살펴보니 너무 변화가 없다면 어떨까. 매출액이 증가하지도 줄어들지도 않고 몇 년간 비슷하다. 현금흐름표를 살펴보니 재무활동 현금흐름이 지나치게 깔끔하다. 차입금도 거의 없어서 재무적으로는 안정된 것 같은데 심심해 보인다. 반면 투자활동으로 인한 현금유출은 매년 꾸준히 발생한다. 그런데 내용은 토지 또는 단기매매목적 주식 취득이 대부분이다. 생산설비 등에 대한 투자는 눈 씻고 찾아봐도 없다.

전통 제조업을 영위하고 있긴 하나 시장 내 경쟁자가 많지 않아서 향후 몇 년간은 안정적인 수익 창출이 가능할 것으로 보고 있다. 이상하게도 회사의 현금이 쌓여있을 것 같은데도 재무제표를 보면 투자자산 비중이 높다.

그런데 투자자산이란 게 사업 다각화를 위한 지분 취득이 아닌 시세차익을 위한 단기매매증권의 비중이 높았다. 그리고 어딘지 모르는 곳에 나대지(토지)를 취득한 규모도 상상 이상으로 컸다. 최근에 땅을 매각해서 얻은 이익이 사업을 해서 얻은 영업이익의 2배였다. 당기순이익은 높아 주주 입장에서는 좋지만, 과연 좋기만 한 것일까 의문이 든다.

결론부터 말하자면 이런 회사에 절대 투자해서는 안 된다. 미래가 없다고 보면 된다. 투자 주식이나 투자 부동산을 팔아서 마련한 자금으로 M&A를 할 수도 있지 않냐고 반문할 수 있겠지만, 새로운 사업도 쉬울 리 없다.

이미 불로소득(주식, 부동산 매매차익 등)에 침식당한 기업의 오너는 더 이상 새로운 사업에 신경 쓰지 않으려 할 것이 분명하다. 새로운 사업을 추진한다고 하더라도 실패할 가능성이 높다. 왜냐하면 단기 고수익에 길들여진 경영진 입장에서는 신사업을 통해 벌어들이는 돈이 너무 작고 초라해 보일 수 있다. 따라서 새로운 사업에 임하는 자세가 다를 가능성이 크다.

한 건설업체를 운영하는 경영진이 최근 분양사업이 잘 되어서 한 번에 3,000억 원 이상을 벌었다고 하길래 여유자금으로 요새 잘나가는 제조기업을 M&A 물건으로 소개한 적이 있다. 그런데 경영진의 반응은 나를 당황시켰다. '푼돈' 장사는 이제 못하겠다는 것이다. 제조업은 연구개발에서부터 생산 판매까지 수많은 노력으로 창출되는 자잘한 매출액이 쌓여 수백 수천 배의 매출이 되는 과정을 기다리는 게 견디기 힘들다고 했다. 이미 분양사업을 통해 벌어들이는 일확천금의 맛을 잊지 못하는 것이다.

남는 돈이 있으면 매매차익을 노린 주식투자를 하거나 지가 상승을 노린 토지 또는 건물 매입 등 비영업용자산에 대한 투자가 더 매력적으로 보이는 것이다. 이런 방식이 무조건 나쁘다고 말하지는 않겠다. 나름대로 자기만의 방식과 철학이 있을 것이기 때문이다. 다만 이런 회사에 성장을 기대하기는 어렵다. 평생 일확천금을 노린 사업만 하다가 끝날 것이 분명하기 때문이다.

이렇게 재무제표의 전반적인 구성만 보더라도 회사 경영진의 성격이나 추구하는 바를 알 수도 있다. 만약 재무구조가 탄탄해서 투자하고자 했다면 반드시 투자 전에 재무제표의 구성 형태와 투자활동 현금흐름을 반드시 챙겨 보길 권고드린다.

돈을 벌고 있긴 하는 거야?
— 어마어마하게 달린 대손충당금

유동성 위기는 어느 날 갑자기 오지 않는다. 계획했던 매출에 미치지 못했거나 달성했다 하더라도 매출 대금을 못 받는 경우 위기가 발생한다. 매출액이 커지는 것도 좋지만, 제대로 된 매출이 아닌 경우에는 회사를 더 힘들게 만든다.

#대손충당금은 현금으로 받지 못하는 매출채권 등 자산에 설정하는 부채 항목이다. 대손상각비라는 비용으로 처리하면서 부채로 계상하는데, 받지 못할 것으로 추정되는 금액만큼 미리 비용으로 계상하자는 취지다.

사업을 하다 보면 어쩔 도리 없이 돈을 떼이게 될 수도 있다. 내가 컨트롤하지 못하는 거래처의 사정으로 인해 돈을 받지 못한 것이기에 아쉽다고 계속 묶여 있을 수도 없다. 나도 열심히 일했는데 자문 수수료를 받지 못한 경우가 있었다. 이처럼 황망한 경우도 드물다. 법적 조치 외에는 내가 달리 할 수 있는 방도가 없었는데, 거래처 사정을 감안하지 않고 바로 법적 조치에 들어가는 것은 몇몇 불가피한 케이스에만 해당한다.

열심히 일하는 것도 좋지만 보수를 잘 받는 것도 중요하다. 미리 수수료를 받아 놓거나 잔금 비율을 줄이는 등의 방법도 좋다. 원천적으로 거래처의 신뢰성을 사전에 파악하는 과정도 필수적이다.

사업을 하다 보면 이처럼 마땅히 받아야 할 돈을 받지 못하게 될 경우가 생길 수 있다. 간헐적이거나 액수가 그다지 크지 않은 대손은

당기말과 전기말 현재 장, 단기 매출채권 및 기타채권의 내용은 다음과 같습니다.　　　　(단위 : 천원)

구분	당기말			전기말		
	채권액	대손충당금	장부금액	채권액	대손충당금	장부금액
유동자산:						
매출채권	21,030,335	(13,773,223)	7,257,112	16,261,790	(349,946)	15,911,843
미수금	76,400	(61,127)	12,273	1,907,134	(27,722)	1,897,413
미수수익	47,142	(35,292)	11,850	45,870	(30,245)	15,625
소계	21,153,877	(13,872,642)	7,281,235	18,214,795	(407,913)	17,806,881
비유동자산:						
계약자산	87,750,154	(22,449,072)	65,301,081	79,764,218	(4,323,888)	75,440,330
합계	108,904,030	(36,321,714)	72,582,316	97,979,012	(4,731,800)	93,247,211

큰 영향을 미치지 못하지만, 금액적으로 크거나 지속적으로 발생하는 대손은 분명히 기업에 대미지를 입히고 급기야 큰 문제를 발생시킨다.

　IFRS(국제회계기준, International Financial Reporting Standards)를 적용하는 상장회사 재무제표의 주석을 보면 분류별로 대손 설정 내역이 아주 상세히 나와 있다. 그렇기 때문에 특정 회사의 자산 건전성은 조금만 신경 쓰면 사전에 파악할 수 있다.

　상기 사례를 살펴봤을 때 매출채권에 대한 대손충당금이 얼마나 쌓여있는가? 확인해 보면 매출채권 약 210억 원에 대손충당금이 약 140억 원이다. 거의 70%가 대손충당금으로 쌓여있다. 이 회사가 올렸던 매출액 대부분이 허수라는 이야기다.

　대손 사유는 다양할 것이다. 공격적인 수주 정책으로 거래처의 신뢰성보다는 일단 매출 확대나 유지를 우선순위로 둘 때 발생할 수 있다. 특히 해외 거래처는 국내 거래처 대비 컨트롤이 쉽지 않기 때문에 상호 간의 관계가 틀어지거나 해외 거래처 쪽이 나쁜 마음을 먹는 순간 그냥 매출 대금은 받지 못한다.

계약자산*도 한번 살펴보자. 약 878억 원 중에 무려 225억 원이 대손으로 달려있다. 물론 세부내용을 살펴봐야 하지만, 대금

✅ 계약자산

계약자산이란 고객에게 재화나 용역을 이전하고 고객에게서 대가를 받을 권리를 금액으로 계상해 놓은 것이다. 건설업일 경우 미청구공사를 계약자산으로 분류하고 대금 청구를 한 경우에는 공사미수금(매출채권)으로 계상하고 그만큼 계약자산에서 차감한다.

청구도 하지 못했음에도 대손이 달렸다는 것 자체가 애초에 계약부터 잘못됐다는 것을 의미한다. 이런 회사는 십중팔구 자금이 묶여버린다. 계약 이행을 위해 열심히 내 자금을 투입해서 완성시켜 본들 대가를 받지 못하고 하늘에 날려버리니 수중에 돈이 없어지는 것은 시간문제인 셈이다.

회생절차에 들어오는 기업들 대부분이 이런 유동성 위기로 신청한다. 사업은 잘 되는데 이렇듯 갑작스러운 대손 이슈로 인해 유동성 위기에 직면한 것이다. 돌아오는 결제 대금을 갚지 못하게 됐기에 법의 테두리 내에서 안정적으로 재기를 도모하고자 하는 것은 당연하다.

그런데 이런 기업들을 실제로 살펴보면 10개 중 8개는 이미 사업

자체가 곪을 대로 곪은 상태다. 사업주는 재기가 가능하다고 생각하지만, 이미 경쟁에서 뒤처져 있었고 마진 갉아먹기(저가수주)로 근근이 현금을 돌려막을 수 있었던 것이다. 이런 기업은 유출되는 대금을 법을 통해 일시적으로 막아도 살아남기가 힘들다.

코스닥 상장회사도 그렇다. 자금이 부족하면 자본시장을 통해 증자나 전환사채 발행 등의 방법으로 보충할 수는 있을 것이나 이런 형태의 회사는 시한폭탄을 들고 있다고 보면 된다. 서로 폭탄을 넘겨주고 있기에 이런 회사에 투자하는 것 자체가 정말 위험하다.

공격적인 수주정책으로 버텨온 기업의 손익계산서						
						(단위 : 억원)
구분	FY2021	FY2020	FY2019	FY2018	FY2017	계
매출액	506	2,059	1,427	2,104	764	6,859
매출총이익(손실)	(136)	367	319	416	161	1,126
영업이익(손실)	(595)	71	76	141	4	(302)
영업활동CF	(374)	(5)	(90)	191	(185)	(463)
영업이익률	(118%)	3%	5%	7%	1%	(4%)

상기 손익 자료는 실제 코스닥 상장사의 재무정보다. 어디서 많이 본 것 같지 않은가. 공격적인 수주정책으로 올려온 매출액이 한순간에 허수가 되어 버리는 모습을 보여준다. 나쁜 회사 재무제표의 대표적인 케이스다.

대손충당금과 나쁜 채권

대손충당금은 나쁜 채권을 위해 만든 일종의 버퍼다. 나쁜 채권으로 앞으로 문제가 발생할 수도 있으니 발생할 때 충격을 많이 받지 않도록 공간을 남겨 놓는 목적으로 대손충당금을 쌓아 놓는 것이다.

한자로는 '貸損充當金'이다. 대손(貸損)은 회수가 어려운 채권을 의미한다. 충당금(充當金)이란 장래에 발생할 것으로 예상되는 비용이나 손실에 대해 전부 또는 일부를 미리 계상하고 관련 부채를 쌓는 것을 말한다. 이렇게 대손과 충당금을 더해 보면 회수가 어려운 채권을 위해 쌓은 부채라고 볼 수 있다.

영어로는 'Allowance for Bad Debts'다. 'Bad Debts'를 직역하면 '나쁜 빚'이라는 의미인데 상대방 입장에서 'Debt'면 나에게는 'Credit(채권)'이다. 결국 나쁜 채권이라는 의미고 이런 나쁜 채권을 위해 미리 허용치만큼 당겨 놓은 것(Allowance)을 의미한다.

일종의 버퍼(buffer)다. 나쁜 일이 발생할 수도 있으니 발생할 때 충격을 많이 받지 않도록 공간을 남겨 놓는 것이다. 매출채권은 현금이 아닌 외상으로 물건을 주고 판매한 뒤 일정한 기간 후에 대금을 받는 신용판매로 항상 회수불능위험이 존재한다고 보면 된다.

예를 들어 과거에 특정 거래처와 거래를 했는데, 100원을 매출하면 80원만 현금으로 받았다고 치자. 나머지 20원은 결국 못 돌려받았다. 다른 업체 이야기를 들어보니 마찬가지로 80%만 받았다고 한다. 그런데 이 거래처가 다시 신규 거래를 원했다. 내부적으로 거래하지 말자며 반발이 있었지만 이번 기회에 재고자산을 털어내는 것이 더 이익인 것 같아 회사는 결국 울

돈을 다 못 받을 줄 알면서도, 신규 거래를 할 수밖에 없는 내 신세~!

며 겨자 먹기로 거래에 응하게 됐다. 회사는 이번 거래로 100원의 매출과 매출채권 100원을 장부에 계상했다.

이때 재무상태표에는 매출채권 100원을 그대로 달아 놓아야 할까? 상식적으로 보면 이 거래처는 예전 행실을 보아 또 80원만 주고 20원은 주지 않을 가능성이 높다. 이런 높은 가능성은 반드시 재무제표에 반영되어야 한다. 즉 20원은 비용(대손상각비)으로 인식을 하고 80원만 매출채권으로 달아 놓아야 할 것이다. 만약 그렇지 않고 100원을 매출채권으로 재무상태표에 표시해 놓았다면 아주 높은 확률로 자산가치가 상실할 것으로 추정되는 20원만큼 왜곡해 표시한 것으로 볼 수 있다.

대손충당금 주석으로 알아보는 세부 내역

(단위 : 천원)

자산		
유동자산		24,567,742
1. 현금 및 현금성 자산	5, 6, 7	3,129,874
2. 단기금융자산	6, 8	1,500,000
3. 매출채권 및 기타채권	6, 11	10,021,123
4. 재고자산	13	33
5. 기타유동금융자산	6	2,119,148
6. 기타유동자산	12	1,867,225
7. 파생상품자산	5, 6, 20	3,218,687

구분	채권액	대손충당금	장부금액
매출채권	10,773,216	(752,691)	10,020,525
미수금	2,261,949	(2,261,351)	596
소계	13,035,166	(3,014,043)	10,021,123

총채권액 130억
대손충당금 30억
순채권액 100억

상기 재무제표를 보면 매출채권 및 기타채권으로 약 100억 원을 계상해 놓았는데, 이는 대손충당금 30억 원을 반영한 순채권잔액이다. 실제 받을 수 있는 채권만 장부에 순액으로 표시해 놓은 것이며, 세부적인 내역은 관련 주석을 확인하면 된다.

상기 예에서 볼 수 있듯 이러한 대손충당금은 매출채권뿐만 아니라 대여금, 미수금 등 아직 현금화시키지 못한 채권에 전부 적용할 수 있다고 보면 된다. 그렇기에 기업회계기준은 장래의 대손 가능한 금액을 추산해 당기비용으로 인식함과 동시에 당해 채권의 평가계정으로 대손충당금을 설정하도록 하고 있다.

대손충당금을 설정하기 위해선 세법 등과는 별개로 합리적이고 객관적인 기준(기초자료, 추정 방법 및 추정 결과 등이 제3자에 의해 검증 가능하고 논리적으로 타당해야 함)에 따라 설정하되 일관성이 있어야 한다. 어떤 연도에는 50% 설정했다가 어떤 연도에는 10% 설정하는 등 합리적인 사유 없이 자의적으로 변동시킬 경우엔 왜곡된 수치가 계상될 위험이 있기 때문이다.

이건 분명 손실이 아닐 거야
― 숨겨진 가지급금

세상에 가지급금처럼 나쁜 계정과목은 없다. 혹시나 임시 계정과목이라 해서 무시하고 넘어갔다면 지금부터는 심각하게 접근해서 재무제표에서 최대한 지우도록 노력하자.

한 중견기업의 재무팀장인 최 팀장은 대학 때부터 잘 알던 친구인데, 종종 나에게 전화해서 푸념을 늘어놓곤 한다.

"여기 사장은 나한테 수시로 전화해. '거기 통장에서 이 통장으로 이체 좀 시켜줘.' 또 전화 와서 '현금 인출해서 나한테 가져다줘. 한 오천만 원이면 되겠네'… 내가 수족도 아니고 너무한 거 아닌가? 구멍가게도 아니고 엄연히 연 매출이 2,000억 원이나 하는 중견기업의 시스템이 이렇다는 게 한심하고 부끄럽다. 사장은 수시로 통장에 있는 돈을 빼서 어디에 쓴 뒤 어느 날 갑자기 다시 통장에 말도 없이 넣어 놓곤 해. 그냥 기업 통장이 아니라 사금고야!"

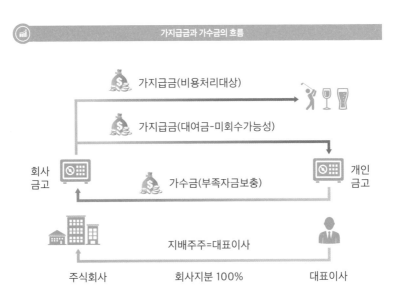

가지급금과 가수금의 흐름

가지급금(비용처리대상)

가지급금(대여금-미회수가능성)

회사 금고

가수금(부족자금보충)

개인 금고

지배주주=대표이사

주식회사　　　　회사지분 100%　　　　대표이사

솔직히 중소기업의 사장님들은 실제로 가지고 있는 돈이 없는 경우가 많다. 왜냐하면 지금껏 사업을 하면서 필요한 돈이란 돈은 버는 족족 다시 회사에 바로 넣었기 때문이다. 그래야만 회사가 더 커지고 안정적인 사업 운영이 가능했기 때문이라나. 자신만 조금 고생하면 희망이 있으리라 생각했을 것이다. 그런 노력의 보상으로 회사는 이제 매년 2,000억 원 이상의 안정적인 매출을 올리는 중견기업이 될 수 있지 않았을까.

그런데 이번에는 갑자기 그 중견기업의 대표이사가 나에게 전화를 했다. 지난번 재무팀장인 친구의 푸념 섞인 걱정을 고려해서 '회사 자금의 개인사용에 대한 문제점'을 자문한 적이 있긴 했다. 대표이사는 나름대로 사정이 있었다고 했다. 나한테 이야기한다고 달라질 것은 없는데 일단 들어주기로 했다.

"중견기업이 되면 조금 나아지려나 했는데, 그게 아니었어요. 매출 유지를 위해선 모회사(발주처 등)와의 관계를 원만히 유지해야 하기 때문에 수시로 들락날락해야 하고, 지금은 많이 없어졌지만 구매부서 담당자들도 신경 써줘야 합니다. 그러기 위해선 돈이 필요했습니다. 물론 접대비(업무추진비) 명목으로 회사 경비로 처리하면 됐으나 그렇지 못하는 건도 상당히 있었기 때문에 그런 경우에는 개인 돈을 써야만 했습니다."

"당연히 회사 전부가 내 것이기 때문에 당시에는 내 개인 돈을 써도 아깝지 않았어요. 그런데 이제 그 씀씀이가 커져서 더 이상 내 통장만으로 감당하기가 힘든 것입니다. 그래서 어쩔 수 없이 회사의 자금을 잠깐, 아주 잠깐 이용해서 쓰고 월급 등을 받으면 다시 메꿔 놓곤 했어요. 그런데 이것도 어느 시점이 지나서는 하지 않았습니다. 내가 대표이산데 그 어떤 누가 제재를 하겠어요. 비록 주식회사이긴 해도 100% 나와 가족 지분이라 개인회사나 다름없어요. 내가 회사 통장에서 돈을 빼내어 간들 누가 뭐라고 할 수 있나요?"

"그래서 수시로 회사 통장의 돈을 인출하거나 특정 계좌에 이체했어요. 다 영업 목적이고, 내 개인적으로 사용한 게 아닌 터라 사용처도 재무팀에 말해주지 않은 적이 많긴 했어요. 재무팀장이 사용처가 불분명할 경우 세제상 제재가 있다고 했지만, 내 돈을 내가 쓴다는데 무슨 간섭이냐고 알아서 잘 처리하라며 핀잔을 준 기억이 납니다. 물론 그게 잘못된 행동인 점은 인정합니다."

"그런데 어느 날 재무팀장이 급히 와서 당장 이번 주에 어음 결제할 자금이 부족하다고 했어요. 그러면서 내가 가져간 돈 중 일부만이라도 회사 통장에 다시 넣어 주면 어떻겠냐고 하길래 그렇게 하겠다고 했습니다. 나중에 매출대금이 들어오면 다시 빼내는 것으로 하고, 내 개인 통장에 있는 5억 원을 일단 회사 통장에 넣어서 결제

대금으로 쓸 수 있도록 보충했습니다. 다 통장으로 이체했으니 문제가 될 것 없지 않겠습니까?"

　이런 식으로 왔다 갔다 한 현금은 어떤 식으로 회계 처리될까? 일단 무작정 회사 통장에서 빠져나간 현금은 조작하지 않는 이상 무조건 통장에 분명히 찍힌다. 그렇기에 반드시 회계 처리가 이뤄진다. 현금이 빠져나갔기 때문에 이건 비용으로 처리하거나 어떻게 처리하기가 불분명하기에 #가지급금으로 일단 처리해 놓는다. 이후에 돈이 들어오면 가지급금에서 까면 된다.

　나간 돈은 있는데 회수가 되지 않는다? 그렇다면 그것은 전부 비용이 된다. 비용은 비용인데 비용으로 인정받지 못하는 비용이다. 사용처가 불분명하기 때문에 세법상 비용으로 인정받지 못해 법인세 혜택도 못 받는다. 이런 식으로 불리한데도 불구하고 편하다는 이유로 가지급, 가수금이 수시로 발생한다.

　가지급금은 환상을 심어준다. 엄연히 자산계정이기 때문에 아직 회사의 재정이 튼튼하다는 착각을 심어줄 수도 있다. 가지급금은 대여금으로 보아 추후에 회수가 가능할 수도 있겠지만 비용처리가 안 된 계정일 수도 있는 것이다. 가지급금이 많다는 것은 그만큼 비용처리가 되지 않아 회사의 이익이 과대 계상된 것일 수도 있다.

　접대비, 여비교통비, 수수료 등 비용 계정으로 처리해야 했음에도 불구하고 명확히 구분하기가 어렵다는 이유로 일단 대여금으로 달아 놓는 경우도 있다. 이번 결산은 이대로 넘어가면 좋겠다는 생각에 대여 약정서는 일단 만들어 놓는다. 처음에는 금액이 작았지만, 이제는 금액도 커지게 됐고 대여금에 대한 이자까지 계상하고 있다.

비용이 자산으로 둔갑하고 어느새 회사의 이익(이자수익)을 창출하고 있는 것이다.

이런 회계 처리가 누적되면 회사의 재무제표는 누더기로 변한다. 전형적인 나쁜 회사 재무제표가 되는 것이다. 나는 단번에 알아본다. 이 회사가 어떤 상태인지. 앞으로 얼마나 버틸 수 있을지. 회생 절차에 들어온 수많은 회사의 재무제표를 봐왔기 때문에 잘 알 수 있다. 당시엔 어쩔 수 없었다고 설명하는 대표이사의 핑계를 들어보곤 하지만, 제3자를 속였다는 사실에는 변함이 없다.

결국 쌓여왔던 쓰레기 속에 숨겨진 가스가 터진 것처럼 회사의 재무제표는 박살이 나고, 순식간에 자본잠식의 나쁜 회사 재무제표가 되어 버린다. 따라서 재무제표 속에 가지급금과 가수금이라는 계정이 둔갑한 것으로 보인다면 무조건 신중히 접근해야 할 것이다.

멍청하면서 어리석고
바보 같은 계정과목 _ 가지급금

식당을 하는 내 친구가 물어봤다. 법인으로 전환하면 뭐가 좋아?

나는 복잡하게 돌리지 않고 간단히 답해준다. 쉽게 말해 앞으로 더 큰 사업을 벌이고 싶으면 법인으로 전환하고 지금처럼 식당 하나만 한다면 그냥 개인사업자로 있어. 그게 복잡하지 않고 정신건강에도 좋아.

일반 소상공인의 법인 전환은 독이 될 수도 있다. 단순히 생각하면 소득세 50%가 11% 또는 22%로 줄어드니 당장은 얼마나 좋을까? 그런데 실제 얼마나 세금이 줄어드는 지 확인해보자.

종합소득 과세표준이 2억 원일 경우 개인 사업자의 세금은 2억 원×38%-1,940만 원=5,660만 원이다. 여기에 지방 소득세

566만 원을 더하면 6226만 원이다.

종합소득세 구간별 적용 세율						

(단위 : 원)

과세표준구간		세율	구간과세표준구간	구간세액	구간누적세액	누진공제액
최소	최대					
	12,000,000	6%	12,000,000	720,000	720,000	1,080,000
12,000,000	46,000,000	15%	34,000,000	5,100,000	5,820,000	5,220,000
46,000,000	88,000,000	24%	42,000,000	10,080,000	15,900,000	14,900,000
88,000,000	150,000,000	35%	62,000,000	21,700,000	37,600,000	19,400,000
150,000,000	300,000,000	38%	150,000,000	57,000,000	94,600,000	25,400,000
300,000,000	500,000,000	40%	200,000,000	80,000,000	174,600,000	35,400,000
500,000,000	1,000,000,000	42%	500,000,000	210,000,000	386,600,000	65,400,000
1,000,000,000		45%				

반면, 법인세 과세표준이 2억 원일 경우 2억 원×10%=2,000만 원, 여기에다가 지방소득세 200만 원을 더하면 2,200만 원이다. (과세표준 2억 원을 초과하는 부분에 대해서는 지방소득세 포함 22%가 부과된다)

법인세율 변화			

과거		현행	
□ 법인세율 체계		□ 최고세율 구간 신설	
과표	세율	과표	세율
0~2억 원	10%	0~2억 원	(좌 동)
2~200억 원	20%	2~200억 원	(좌 동)
200~3,000억 원	22%	200~3,000억 원	(좌 동)
3,000억 원 초과		3,000억 원 초과*	25%

* 2023년 법인세율 개정안이 그대로 확정된다면 최고세율 구간은 사라진다.

개인사업자와 법인사업자가 부담하는 세액 차이는 간단히 계산해 본다면 4,026만 원이다. 그렇다. 연간 약 4,000만 원이라는 돈이 세금으로 덜 나가게 되니 얼마나 좋아 보일까?

그러나 이건 심각한 착각이자 판단미스다. 왜냐하면 오너 경영자의 급여 등의 수익에 대한 세금은 전혀 고려되지 않았기 때문이다. 오너 경영자는 개인사업을 했을 때와 마찬가지로 급여 조로 회사 자금을 수시로 빼 갔을 것이기 때문에 사는 데 아무런 지장도 받지 않으며 그대로 생활할 수 있었던 것이다. 다만 세금을 덜 냈던 것이다. 그래서 이제껏 아까웠던 세금을 당장 덜 내니 기분만 좋았을 뿐 문제가 발생하리라는 생각은 못했을 듯하다.

이렇게 아무런 근거 없이 빼 간 돈은 회계 처리를 할 때 궁극적으로 회사가 대표 등 오너에게 빌려준 것으로 처리된다는 사실을 알아야 한다. 세상에는 공짜가 없다. 상식적으로 생각해보자. 법인전환만으로 전체 세금 총액이 큰 폭으로 줄어든다면 그 누가 법인전환을 하지 않을 것인가? 다 장단점이 있는 것이고, 그 장단점을 종합적으로 고려해서 법인이든 개인이든 정하는 것이다.

정리해보자. 대표이사는 회사 자금을 가져가면 가져갈수록 회사의 가지급금 또는 주임종 단기 채권의 금액이 올라간다. 이런 계정과목은 회사 재무상태표에 웬만하면 없는 게 좋다. 있다고 하더라도 기말에는 비용으로 처리하든지 갚든지 해서 없애는 것이 좋다. 왜냐하면 이런 주임종단기채권(가지급금 등) 잔액은 여러 가지로 회사나 오너에게 불이익을 주기 때문이다.

먼저 가지급금이 있는 경우, 가지급금에 대한 인정 이자 4.6%가 발생하고 법인세 신고 시 대표이사에게 이자만큼 상여로 지급한 것으로 보아 대표이사의 세금이 올라간다. 그리고 회사에 차입금이 있는 경우 그 차입금(이자비용)은 원칙적으로는 비용으로 인정되지만 가지급금으로 올라간 금액만큼은 비용으로 인정해 주지 않는다.

왜냐하면 회사가 돈을 빌려서 대표이사에게 대여해 줬다고 보기 때문이다. 이자 주는 것도 아까운데 법인세 절감도 못하면 정말 억울하지 않을까? 이 모든 것이 가지급금이라는 명칭하고 어리석고 바보 같은 계정과목 때문에 생긴다.

이런 가지급금은 애초부터 만들지 말아야 한다. 어쩔 수 없이 발생했다면 빠른 시일 내에 없애 줘야 한다. 만약 가지급금이 점점 커져 통제할 수 없을 만큼 커질 경우 이러지도 저러지도 못한 채 불이익만 당할 수 있다.

이런 가지급금을 없애기 위해서 세상에 다양한 방법들이

있다고 이야기하지만, 다 거짓말이라고 보면 된다. 세상에 공짜란 없다. 가지급금을 없애려면 그에 걸맞은 희생을 치러야 한다. 그 희생이 있어야 가지급금이 사라질 수 있다. 그저 마술 같은 작업으로 없앨 수 있다는 말은 사기를 치는 것과 마찬가지다.

그러므로 주위에서 '가지급금을 쉽게 지워드립니다'라는 말을 듣는다면 절대 속지 말길 바란다. 급여/퇴직금, 배당금을 이용한 방법은 어차피 개인 소득세를 내야 하는 것이니 특별한 방법이 아니다. 자기주식 매입, 증여 후 유상감자 같은 처리도 결국 개인 소득세를 부담하고 불필요한 오해만 사게 만들어 오히려 마이너스다. 특허권이나 기타 지적재산권을 활용한 부분도 '구닥다리' 방안이라 통하려면 이제 비용이 더 클 수도 있다.

정리하자면, 법인으로 전환했으면 대표이사로서 적정 급여를 받아 가면서 추후 회사를 키워 IPO(기업공개, Initial Public Offering,)를 하든지, 일부 지분을 매각해서 현금화시키는 것이 가장 돈이 덜 들면서 깔끔한 방법이다. 개인사업자의 대표와 법인사업자의 대표는 엄연히 다르고, 분명히 구분되어야 한다. 정말 작은 이익에 현혹되어 가지급금을 무시해 버린다면 그 당시에는 달콤할지 모르지만, 나중에는 골칫거리가 될 것이 분명하니 항상 주의하자.

2장

너무 많아서
─ 나쁜 회사 재무제표

자본잠식과 대여금의 상관관계
— 딱 봐도 비정상으로 보이는 대여금

돈이 있으면 빌려줄 수 있다. 그런데 자신의 상황을 모르고 과하게 빌려 줬거나 돈이 없는데 빌려주는 것, 혹은 받지 못할 것을 알면서 빌려준 것은 문제가 된다. 당연한 이야기가 아니냐고 반문하는 독자도 있겠지만, 이번 장을 통해 재무제표에서 보이는 대여금을 제대로 볼 수 있는 안목을 한 번 길러보자.

일단 투자하려는 회사나 관심이 가는 기업의 재무제표를 열어보자. #전자공시시스템(dart.fss.or.kr) 사이트에 들어가서 보고자 하는 회사명으로 검색하고 감사보고서를 열면 재무제표가 첨부되어 있다.

재무상태표를 클릭해서 유동자산 쪽을 살펴보자. 혹시 대여금

(단위 : 천원)

과목	제 6(당)기		제 5(전)기	
자산				
I. 유동자산				
(1) 당좌자산		43,220,000		41,290,000
1. 현금 및 현금성 자산	500,000		800,000	
2. 단기매매증권	1,000,000		1,000,000	
3. 매출채권	5,000,000		3,000,000	
대손충당금	(50,000)		(30,000)	
4. 미수금	2,000,000		2,000,000	
5. 미수수익	1,000,000		800,000	
6. 선급금	3,000,000		8,000,000	
대손충당금	(30,000)		(80,000)	
7. 선급비용	800,000		800,000	
8. 단기대여금	30,000,000		25,000,000	
(2) 재고자산		13,000,000		10,000,000
1. 원재료	3,000,000		2,000,000	
2. 재공품	4,000,000		3,000,000	
3. 제품	6,000,000		5,000,000	

이 있는가? 있다면 대여금이 전체 총자산 대비 어느 정도인가? 비중만 크지 않으면 문제는 안 된다. 그런데 딱 보기에도 대여금이 총 자산 대비 비중이 중요하다면 적어도 미래에 문제가 되지는 않을지 확인해보는 것이 좋다.

돈을 빌려주는 대신 이자를 받을 수 있고, 나중에 기일이 되면 원금도 받을 것인데 무슨 문제가 되는지를 묻는다면 할 말은 없다. 그런데 만약 차입금이 덩그러니 이렇게나 많은데 돈을 빌려줬다면 다르다. 뭔가 이상하지 않은가? 대여금은 실제로는 받지 못하기 때문에 차입금이 늘어난 것이 아닐까? 만약 그렇다면 재무제표에 보이는 대여금은 0원이 되어야 한다.

기업이 은행 등으로부터 자금을 빌려서 바로 누군가에게 대여해 버린다면 재무제표에는 자산과 부채가 동시에 증가한다. 자산 총계가 증가하기 때문에 재무제표를 잘 이해하지 못하는 사람들은 기업이 커져서 좋아졌다고 오해하기 쉽다.

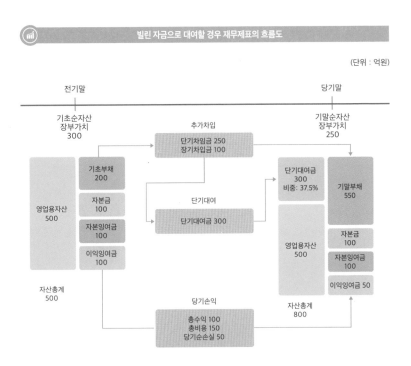

빌린 자금으로 대여할 경우 재무제표의 흐름도

(단위 : 억원)

그러나 이런 기업은 얼마 안 되어서 문제가 발생할 가능성이 높다. 돈을 빌려 누군가에게 빌려줬다? 솔직히 이런 행위는 일종의 횡령, 배임 등 불법행위가 될 수도 있다. 왜냐하면 누군가의 돈을 말 그대로 마음대로 써버린 뒤, 나 몰라라 하는 상황과 마찬가지일 수 있는 것이다. 은행 등 금융기관 입장에서는 믿고 돈을 빌려줬더니 발등을 제대로 찍힌 셈이다.

물론 바로 회수가 됐다면 정상 참작이 가능하다. 그런데 중간에 돈을 빌려줬는데 차기 재무제표에까지 그대로 해당 금액이 달려 있다면 이건 뭔가 심각한 상황이 발생했을 가능성이 크다고 봐야 한다. 결국 이렇게 빌려준 돈은 받지 못할 가능성이 클 것이고, 빌린 돈마저도 갚지 못할 것이기에 문제를 해결하지 못해 손들고 파산할 것임에 분명하다. 제대로 회사를 봤더라면 빌려주지도 않고, 투자도 하지 않았을 것이다.

그리고 가지급금이 변형되어 대여금으로 되어 있을 가능성도 있다. 가지급금이라는 건 가계정이다. 그 어떤 누군가에게 돈을 줬는데 나중에 바로 받을 것이기 때문에 가계정으로 '일단' 설정해 놓은 것이다. 그런데 대부분 이런 가계정은 기업을 쥐락펴락할 수 있는 지배주주나 대표이사 때문에 생기곤 한다.

개인기업 시절의 습관을 못 버린 대표이사가 주식회사가 된 기업을 자기 사유 재산으로 착각해서 마음대로 기업 금고를 사금고처럼 이용할 때 가지급금이 발생한다. 물론 대표이사가 책임지고 들고 간 돈을 갚아 놓는다면 세무상 문제를 제외하고는 문제될 게 없어 보인다. 하지만 실상 대표이사는 자신이 가져간 돈을 자기 돈이라 생각하지, 빌려 간 것이라고는 생각하지 않는 게 문제다.

결국에는 누적되며 해당 금액이 커지고, 세무상 손해란 손해는

(단위 : 억원)

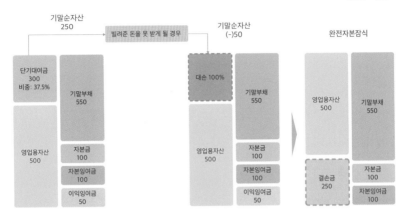

다 보면서 기업을 갉아먹어 들어간다. 기업이 잘 나갈 때는 이런 가지급금을 언제든 해결할 수 있다며 자신만만해할 수 있었지만, 사업이 정체되거나 조금이라도 삐걱대는 순간 나락으로 떨어지게 만드는 아주 치명적인 계정과목으로 돌변한다.

이런 식으로 만들어진 대여금은 회수가 거의 어렵다고 보면 된다. 그렇다면 대여금은 원래 장부상 반영했던 금액 300억 원이 아닌 0원으로 바꿔야 하고, 관련 차이만큼 손실로 반영해야 한다. 손실로 반영되는 대여금의 크기에 따라 급기야 완전자본잠식이 될 수도 있을 것이다. 정상적인 회사로 보였던 재무제표가 한 순간에 망하기 일보직전의 회사가 되어버린다.

이미 회수 불가능한 대여금으로 인해 회사는 자금이 쪼들려왔을 것이다. 지금까지는 재무제표가 그나마 정상이었기에 금융기관의 차입금 상환요구를 넘어갈 수 있었으나 이제는 어렵게 됐고, 더 이상의 추가 자금조달도 어려워질 것이다.

결국 유동성 위기에 직면할 것이며, 이로 인해 파산에 이르고 말 것이다. 이게 상장회사라면 투자한 주주들을 비롯한 각종 이해관계자가 피해를 볼 것이며, 비상장회사의 경우에는 금융기관이나 아직 돈을 받지 못한 거래처 등이 주된 피해자가 될 것이다. 여기서 아쉬운 것은 미리 재무제표를 한 번만이라도 살펴봤더라면 하는 것이다. 비정상적으로 큰 대여금은 쉽게 눈에 띈다. 비정상이라고 단박에 눈으로도 확인할 수 있다. 분명 나쁜 회사 재무제표일 가능성이 크다.

전자공시시스템

우리나라 전자공시시스템(dart.fss.or.kr)은 정말 잘 만들어져 있다.

어떤 회사에 대해 재무정보를 확인하고 싶다면 우리나라 전자공시시스템을 활용해보자. 공짜 정보임에도 불구하고 이보다 상세한 정보는 없다.

공시란 무엇인가? 네이버 지식백과를 살펴보면 '사업내용이나 재무 상황, 영업실적 등 기업의 경영 내용을 투자자 등 이해관계자에게 알리는 제도로, 주식시장에서 가격과 거래에 영향을 줄 수 있는 중요사항에 관한 정보를 알림으로써 공정한 가격 형성을 목적으로 하는 것이다'라고 쓰여 있다. 즉 공시 제도는 기업이 이해관계자(주주, 채권자, 투자자 등)를 위해 해당 기업의 재무내용 등의 권리행사나 투자판단에 필요한 자료를 알리도록 의무화하는 제도인 것이다.

투자대상 회사에 대한 정보가 일부인에게 집중되어 있으면 불공평한 경쟁이 된다. 가격을 책정하는 데 있어서도 정보가 있어야 제대로 된 평가를 할 수 있다. 예전에는 이러한 기업 정보들이 일부에게만 접근이 용이해서 상당히 불공평했는데 지금은 의무적으로 공개되기 때문에 많은 사람이 다양한 기업 정보들을 아주 쉽게 볼 수 있다.

다만 언론이나 서적 등에서 듣거나 보았듯이 공시정보는 그다지 빠른 정보가 아니다. 이미 소문 등으로 시장에 퍼진 정보가 공시될 수도 있으며, 의무적으로 공시되는 정보이므로 과거 데이터 위주로 구성되는 경우가 많다. 즉 따끈한 정보가 아니므로 주가에는 이미 반영된 정보일 가능성이 있다. 다만 회사에 대한 전반적인 내용(어떻게 돌아가는지)은 파악할 수 있으므로 상당히 유용한 정보인 것만은 확실하다.

전자공시는 인터넷 창에 'https://dart.fss.or.kr'라고 입력해서 1년 365일 24시간 접근이 가능하고 구글 플레이스토어나 애플 앱스토어에서 앱으로 다운로드해서 사용할 수도 있다. (최근 디자인도 업데이트되어 깔끔하다)

전자공시시스템 홈페이지의 검색창

전자공시는 상장회사뿐만 아니라 일정 규모/요건이 되는 기업은 의무적으로 해야 하기 때문에 매일 다양한 정보들을 대중에게 공개한다. 일단 사이트에 들어가 보면 네이버나 다음 검색창과 비슷한 형태로 구성되어 있는데, 회사명을 입력하고 검색하면 해당 회사와 연관된 자료를 최근 공시시점 기준으로 전부 살펴볼 수 있다.

이때 검색 대상 기간은 2년 이상으로 해놓고 검색하는 것을 추천한다(기본 검색 기간은 과거 6개월이었는데, 최근 1년으로 변경됨). 다만 삼성과 같은 대형 상장회사의 경우, 어마어마한 분량의 공시정보가 나오므로 필요한 공시정보만 따로 설정해서 볼 수 있다. 기타 활용방법은 사이트 상의 FAQ 등을 통해 파악할 수 있으므로 별도로 설명하지는 않겠다.

한편, 최근 업데이트된 전자공시시스템 사이트는 영문으로도 검색할 수 있다. 회사가 자체적으로 제출한 보고서 등의 정보는 영문으로 공시되지 않지만, 자체 시스템으로 업로드하게끔 된 자료의 경우에는 영문으로 공시되니 혹시 전문용어를 영문으로 알고 싶다면 전자공시시스템을 활용하는 것도 좋은 방법이다.

그보다 전자공시 중에 가장 중요한 핵심 보고서인 사업보고서는 무조건 볼 수 있어야 한다. 이 보고서는 대상 기업에 대한 다양한 정보를 회사 입장에서 정리해 기재한 것이다. 그래서 내용을 보면 상당히 해당 기업에 편향적으로 기재되어 있다. 무조건 믿기보다는 그냥 참고 목적으로 살펴보도록 하자. 솔직히 회사의 전반적인 실체를 알기에는 이보다 좋은 정보란 없다. 그러므로 주식투자자라면 반드시 살펴봐야 하고, 볼 줄 알아야 한다.

사업보고서는 투자대상 상장회사 등에 대한 기본적인 정보를 담은 보고서로서 일정한 형식 및 순서에 따라 기재되어 있으므로 한두 번 정독해보면 어느 정도 특정 정보의 기재 위치 등은 쉽게 파악할 수 있다. 익숙해지면 이보다 더 좋은 자료도 없을 것이다. 사업보고서를 열어보면 다양한 보고서도 첨부되어 있는데, 감사보고서도 첨부되어 있으므로 사업보고서를 통해 감사보고서 열람도 가능하다.

사업보고서에는 언제 설립됐고, 누가 운영하며, 주주는 누구인지부터 현재 무슨 사업을 하고, 어떤 사업을 추가해서 할 예정이며, 최근 감사 결과는 어떻게 됐는지, 주요 임원의 급여 수준, 직원들 평균 급여 등등 평소 궁금했던 정보가 모두 담겨 있다. 물론 증권사 애널리스트가 쓴 보고서가 훨씬 전문적이고 디테일하긴 하지만, 오히려 공시된 자료가 신뢰성이 높다고 볼 수 있기 때문에 사업보고서는 꼭 살펴보길 추천한다.

따라서 어떤 회사에 대해 자세히 알고 싶다면 사업보고서부터 살펴보고 난 뒤, 추가적으로 애널리스트의 분석을 찾아본다면 보다 정확한 이해가 가능할 것이다.

20 너무 많아서 ─ 나쁜 회사 재무제표

많이 개발하면 좋은 거 아냐?
─ 유달리 많은 개발비

무언가를 개발해서 대박이 났다고 하면 제일 보기 좋은 기업의 성공 스토리가 만들어진다. 그런데 재무상태표에 무형자산(개발비)이 많다고 연구개발을 많이 하는 회사라고 단정 지으면 안 된다. 연구개발을 많이 해도 #무형자산이 적을 수 있다. 왜냐하면 어떤 회사는 연구개발비를 자산이 아닌 비용으로 매년 전액 처리하기도 하기 때문이다. 자산으로 계상되어 있는 개발비 등의 무형자산은 언젠가 비용으로 처리되기 때문에 미래의 부담이라고 볼 수도 있다.

제품 개발을 위해서는 너무나 긴 시간과 많은 비용이 필요하다. 솔직히 내가 회계사가 되기까지 들어간 시간과 노력도 기업이 신제

나쁜 회사 재무제표

품 개발을 위해 들어간 시간과 비용과 다르지 않다고 본다. 만약 시험에 합격하지 못했다면 그저 매몰비용으로 비용처리해 버리고 다른 삶을 살았을 수 있다. 기업도 마찬가지다. 제품개발에 성공했다고 하더라도 제대로 된 매출이 안 되거나 이익 창출이 이뤄지지 않았다면 지금껏 잘못 들어간 비용이 되어 버리는 것이다. 지금까지 들어간 시간과 비용이 너무 아깝지만 뭐 어쩔 수 없다.

그런데 기업은 제품개발에 성공하고, 사업을 통해 매출 창출이 가능하다면 지금까지 소요된 비용을 전부 당기 일시에 비용으로 털어내고 싶지 않다. 항상 이야기하는 회계원칙인 수익 비용 대응의 원칙을 언급하면서 매출 발생을 통한 이익 창출에 기여하는 기간 동안 적절히 안분해서 비용 처리하는 것이 합리적이라고 주장한다.

일견 타당하고 합리적이라고 생각한다. 그러나 이러한 점을 이용해서 비용으로 처리해야 할 것도 자산으로 처리해서 재무제표를 왜곡시키려고 하는 기업들이 많아서 문제가 되는 것이고, 나쁜 회사 재무제표의 대표적인 케이스가 될 수 있다.

사업보고서를 당장 확인해보자. 구체적으로는 전자공시시스템에 들어가서 사업보고서를 열고 'II. 사업의 내용'이라는 항목을 클릭해보자. 주요계약과 연구개발활동 등에 지금까지 들어간 연구개발비용을 보기 쉽게 잘 정리해 놓았다. 지금까지 들어간 비용을 얼마만큼 당기에 비용으로 처리했고, 얼마만큼 개발비로 무형자산을 처리해 놓았는지에 대한 정보도 확인할 수 있다.

이해를 돕고자 케이스별로 비교를 통해 설명해보겠다. 먼저 대표적인 게임 개발 기업인 넷마블의 사업보고서를 살펴보자.

2021년 넷마블 사업보고서의 연구개발비용

(단위 : 천원, %)

과목		제11기 (2021년)	제10기 (2020년)	제9기 (2019년)
연구개발비용 계		561,796,565	519,268,918	458,910,575
정부보조금		-	-	-
회계처리	영업비용	561,796,565	519,268,918	458,910,575
	개발비(무형자산)	-	-	-
연구개발비/매출액 비율		22.41	20.90	21.06

*상기 연구개발 비용과 매출액 대비비율은 연결 기준으로 작성하였습니다

2019년부터 2021년까지 3년간 매년 5,000억 원가량의 연구개발비를 지출했으며 전액 당기 영업비용으로 처리한 것을 알 수 있다. 그만큼 매출이 안정적으로 나오기 때문에 당해 지출액을 전액 영업비용으로 처리했을 수도 있고, 투입된 연구개발비 자체가 특정 제품(게임 등)에 종속된 것이 아니거나 게임업계 특성상 무형자산으로 계상할 수 있는 요건을 충족하지 못해서 전액 비용으로 처리했을 수도 있다.

적어도 이렇게 회계처리한 경우에는 미리 비용으로 인식해 버렸기 때문에 미래에 추가적으로 인식해야 할 비용은 없다. 기업 입장에서 최대한 보수적*으로 비용을 인식했다고 보면 된다. 손익계산서

에 나타나는 당기순이익은 최악
의 상황으로 가정했을 때로 계산
된 수치다.

보수적이라는 말은 최대한 안전
하게 처리한다는 것인데, 비용과
부채를 최대한 많이 계상하고 수
익과 자산을 최대한 적게 계상한
다는 것이다.

다음으로 우리나라 바이오산
업 섹터의 대표 기업인 셀트리온
의 사업보고서를 살펴보자.

셀트리온은 2019년부터 2021년까지 3년 동안 매년 3,000억 원 이
상의 연구개발비용을 지출했다. 이는 넷마블과 마찬가지로 총매출
액 대비 20%를 연구개발비로 지출한 것으로 상당히 높은 수준이다.
다만, 넷마블과 다른 것은 당해 지출한 연구개발비 중 약 60~70%
를 개발비라는 무형자산으로 처리하고 있다는 것이다. 2021년도에
연구개발비로 약 4,000억 원을 지출했는데, 이 중 68%에 해당하는
2,722억 원을 당해 비용으로 처리하지 않고 개발비로 자산 처리한
것이다.

2,722억 원만큼 무형자산으로 처리했다는 것은 비용으로 인식
하지 않은 금액이 그만큼 많아졌다는 것을 의미한다. 실제 현금으로
지출한 금액보다 적은 금액이 비용으로 반영됐기 때문에 미래에 추
가적으로 인식할 비용이 그만큼 많아진 것이다. 이렇게 회계처리한
것은 일시불로 물건을 구매한 것이 아닌 12개월로 할부 구매한 것과
다르지 않다.

(단위 : 억원)

구분		제 31기	제 30기	제 29기
비용의 성격별 분류	원재료비	75,555,557	94,567,975	49,771,184
	인건비	72,170,473	61,384,575	60,054,583
	감가상각비	7,403,615	6,299,999	6,851,027
	위탁용역비	226,684,252	208,235,868	149,690,249
	기타	48,559,260	18,747,453	36,694,846
	연구개발비용 계	430,373,157	389,235,870	303,061,889
	(정부보조금)	(32,406,042)	(4,461,600)	0
	정부보조금 차감 후 연구개발비용 계	397,967,115	384,774,270	303,061,889
회계처리 내역	판매비와 관리비	125,769,269	171,437,188	113,453,000
	개발비(무형자산)	272,197,846	213,337,082	189,608,889
	회계처리금액 계	397,967,115	384,774,270	303,061,889
	매출액	1,911,601,263	1,849,115,532	1,128,459,878
연구개발비/매출액 비율 [연구개발비용계÷당기매출액× 100]		20.82%	20.81%	26.86%

* 임상 및 전임상용 물질 생산비용 등 임상관련비용을 연구개발비용에 포함하고 있습니다.

** 연구개발비/매출액 비율은 정부보조금을 차감한 이후의 연구개발비용계를 기준으로 산정하였습니다.

바이오 기업의 특성상 임상 통과 등을 거쳐 본격적인 제품이 양산되어 판매되기까지 상당한 기간이 소요되고 불확실성이 높다. 따라서 당장 전액을 비용처리하기 보다는 해당 개발제품에 대한 미래 경제적 효익의 유입 가능성 여부가 확실해지거나 실제 현금이 유입될 때 비용으로 나눠서 처리하는 것이 합리적일 수도 있다. 그러나 항상 고려해야 할 것이 이런 바이오 기업 중에서는 실제 성공 가능성이 희박한 아이템에 대해 자산으로 계상해 놓고 비용으로 처리하지 않는 경우가 있다는 사실이다. 재무구조를 왜곡시킬 수 있다는 점이 문제다.

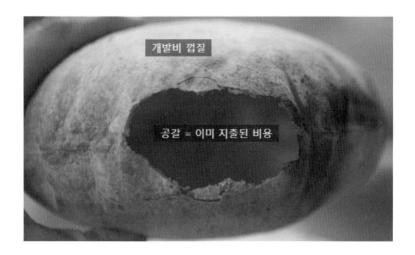

개발비는 안이 텅텅 비어 있는 공갈빵과 같다고 이해하면 된다. 원래부터 보이지 않는 것이기 때문에 모양만 만들어 놓은 것에 불과하다는 점을 명심하자.

실제 사업을 통해 안정적인 현금 이익을 벌어들이고 있는 기업에 있어서 개발비라는 무형자산은 크게 신경 쓸 대상은 아니다. 다만 알아야 할 것은 돈도 잘 못 벌고 있는(매년 매출이 미미하고 손실이 나는) 기업이 동종 업종의 경쟁업체와 비교해서도 개발비(무형자산) 비중이 유난히 크다면 나쁜 회사 재무제표일 가능성이 크다는 사실이다. 이는 개발비가 실제 비용으로 처리됐어야 하는 공갈빵일 가능성이 높기 때문에 투자 여부 결정 시 유의해야 할 것이다.

상식적으로 생각하면 개발비가 많이 달려 있다는 것은 앞으로 돈을 더 벌 수 있다는 자신감을 미리 보여주는 것으로 해석할 수 있다. 그러나 지난 수년간 돈은 못 벌고 미래에 대한 희망만 줘 왔던 회사의 재무제표에 개발비가 거액으로 잡혀 있다는 것은 반드시 짚고 넘어가야 할 사안일 것이다. 공갈 빵은 터져버리면 회복 불가다.

따라서 회사의 매출액, 당기순이익만 보지 말고, 한 번쯤은 연구개발비와 개발비 내역을 살펴보는 습관을 갖도록 하자. 공갈빵에 당하지 않도록!

보이지 않는 무형자산

무형자산이란 형체 없는 것에 가치를 매겨 놓은 것. 보이지는 않지만 미래에 돈을 만들어 주기 때문에 자산으로 보기에 충분하다.

기업회계기준에서 무형자산은 '재화의 생산이나 용역의 제공, 타인에 대한 임대 또는 관리에 사용할 목적으로 기업이 보유하고 있으며, 물리적 형체가 없지만 식별 가능하고, 기업이 통제하고 있으며, 미래경제적 효익이 있는 비 화폐성 자산'이라고 정의한다.

참 어렵게도 설명하는 것 같다. 무형이라는 것은 형체가 없다는 의미다. 겉으로 나타나지 않기 때문에 만질 수도 느낄 수도 없다. 그래서 그냥 있겠거니 하고 암묵적으로 동의하고, 그것에 대해 가치를 매기거나 대가를 지불한다.

눈에 보이는 건물이나 제품은 실제 보이는 것이니 돈이나 다른 것을 주고 교환하는 데 아무런 이의가 없다. 그런데 눈에 보이지도 않는 것을 가지고 얼마이니 내놓아라 하는 것은 봉이 김선달이더라도 사기꾼 취급을 당할 수 있지 않을까? 그리고 눈으로 확인할 수 없는 자산이라 가타부타 주장하는 대로 값을 매겨 재무제표에 계상하게 만들면 왜곡된 수치를 자산으로 올릴 수 있기 때문에 기업회계기준에서는 엄격한 잣대를 적용해 자산으로 계상할 수 있도록 정해 놓았다.

봉이 김선달

무형자산은 크게 개발비, 영업권, 산업재산권 등으로 구분되고, 각각에 대해 재무상태표 상에 자산으로 인식할 수 있는 조건을 정해 놓고 있다. 먼저 개발비는 제조 비법이나 신약 개발 등과 관련해 발생한 비용(인건비 등)이 무형자산의 정의를 충족하는 경우에 인식할 수 있다. 여기서 무형자산의 정의는 그냥 식별 가능*하고 미래에 현금흐름의 유입을 줄 수 있을 경우라고 간단히 설명하고 넘어가겠다.

✅ 식별 가능

하나하나 구분해서 번호표를 붙일 수 있고, 다른 값을 매길 수 있을 때 식별이 가능한 것으로 본다.

사업결합(지분 인수, 합병 등)으로 발생하는 영업권은 기업의 특별한 기술이나 지식, 고도의 경영능력, 독점적 지위, 양질의 고객 관계, 유리한 입지조건 등에 의해 장차 그 기업에 경제적 이익으로 공헌하리라고 기대되는 초과수익력이 있는 경우에만 인식할 수 있다. 말이 초과수익력이지 그리 거창할 것도 없다. 그냥 원래 보이는 가격 대비해서 더 비싸게 주고 샀을 때 그 차이를 생각하면 된다. 웃돈이나 프리미엄이 영업권의 하나라고 볼 수 있다. 왜 제값보다 더 주고 샀냐고 물어보면 상식적으로 볼 때 뭔가 이익이 있기 때문이지 않겠는가?

산업재산권은 일정 기간 독점적, 배타적으로 이용할 수 있는 권리를 말하고 특허권, 실용신안권, 디자인권, 상표권 등이 여기에 포함된다. 특허를 이용하려면 로열티를 지불하듯이, 스타벅스나 삼성전자, 테슬라, 애플 등 유명 기업의 상표의 경우 사용하려면 로열티를 지불해야 한다. 르노삼성의 경우에도 삼성 측에 로열티를 지불하고 사용했다. 이런 산업재산권을 가지고 있다면 미래에 현금을 받을 권리가 생기기 때문에 무형자산으로 인식할 수 있는 것이다.

그럼 회원권은 유형자산일까 무형자산일까? 종이 증서가 있다면, 눈에 보이기 때문에 유형자산일까? 아니다. 회원권도 내가 가진 권리의 일종이기 때문에 무형자산으로 분류되고 이 회원권은 활성화된 시장에서 거래되기 때문에 공정가치(시세)를 쉽게 확인할 수 있다.

이런 무형자산은 보이지 않기 때문에 종종 기업들의 분식회계 대상이 되기도 한다. 그 예를 들어보면 개발 활동이 이미 중단된 프로젝트 관련 개발비를 그대로 자산으로 계상하는 케이스다.

개발 활동을 중단됐다는 것은 이 무형자산을 이용해서 미래 현금흐름을 창출할 가능성이 현저히 낮기 때문이다. 전액 비용화되어야 함에도 자산으로 계상하고 있다면 자산이 과대 계상되고 비용이 과소 계상되는 효과가 있다.

임상 초기의 신약개발 같은 경우를 예로 들 수 있다. 임상 1상까지 소요된 비용을 개발비로 자산화했으나 이후 진행된 2상에서 중단할 경우 해당 개발비를 전액 비용화해야 하지만, 이를 계속해서 자산으로 남겨둔다면 문제가 된다.

그리고 영업권 같은 경우에도 대상 기업을 인수할 시점에는 정말 많은 돈을 벌 수 있을 것으로 기대했는데 실제 인수하고 보니 예상과 달리 오히려 손해를 보고 있는 케이스다. 회사는 비싸게 준 만큼 영업권이란 계정과목으로 재무제표에 계상했는데 실제 회사의 수익성은 기대치에 훨씬 못 미쳤기에 해당 영업권은 전액 감액하고 비용으로 처리해야만 한다. 이것은 그냥 거래를 잘못해서 발생한 손실일 뿐인 것이다.

　　이렇게 무형자산과 관련해서는 판단하기에 따라 비용이 될 수도, 자산이 될 수도 있기에 무형자산이 총자산의 대부분을 차지하는 업체라면 반드시 주의 깊게 재무제표를 살펴야 한다. 무형자산이 실제 미래 이익을 창출할 수 있을지 여부를 잘 살펴봐야 할 것이다.

돈이 외부로 빠져나가고 있는 것 같아

— 이상하게 많은 관계회사 주식들

재무제표 주석에서 장부가치(금액)가 0원인 관계회사 투자주식이 많다면 회사 경영진의 자질을 의심해보거나 무언가 다른 목적으로 투자를 한 것은 아닌지 확인해봐야 한다. 특히 관계회사에 금전 대여가 발생했다면 일단 나쁜 회사 재무제표의 잠재 리스트로 올려놓을 것을 권고드린다.

열심히 영업활동을 해서 돈을 벌어야 하는 것은 기업의 당연한 숙명이자 사명이다. 그런데 기업들 중에는 영업이 아닌 다른 방법으로 돈을 벌려고 하는 곳도 있다. 이런 기업 대부분은 지금 하는 사업으로는 도저히 연명을 못할 것 같다는 불안함을 가지고 있었을 것이다.

신사업 확장을 위해 좋은 기업에 투자하고 M&A를 추진하는 것은 투자의 성공 실패 여부를 떠나서 이익을 추구하는 기업의 자연스러운 행위다. 기업은 주주 가치 제고를 위해 수단과 방법을 가리지 않는다. 불법만 아니면 된다. 그런데 이런 일련의 행위가 주주 가치 제고가 아닌 위기 상황을 일시적으로 모면하기 위한 것이라면 문제가 된다.

매년 손실을 보고 있어 이대로는 상장유지도 어려울 것 같은 회사의 재무제표를 찬찬히 살펴보자. 상장폐지 실질심사 대상 기업은 인터넷에 쉽게 찾을 수 있으니 해당 리스트 중에 하나만 골라서 감사보고서를 열고 유가증권 주석을 살펴보거나 사업보고서의 계열회사 또는 타법인출자현황을 살펴보면 된다. 아마 생각보다 상세한 #투자주식 내역을 확인할 수 있을 것이다.

의심스러운 투자 주식 내역 예

당기말 및 전기말 현재 종속기업 및관계기업 투자현황 내역은 다음과 같습니다. (단위: 천원)

구분	회사명	소재국가	당기말		전기말	
			지분율	장부금액	지분율	장부금액
종속기업		한국	100.00%	-	100.00%	3,310,000
		한국	-	-	100.00%	7,836,042
		일본	100.00%	-	100.00%	1,030,271
		미국	-	-	100.00%	1,076,964
		한국	100.00%	694,379	82.66%	588,308
		한국	100.00%	21,907	100.00%	376,644
		한국	100.00%	8,988	100.00%	8,988
관계기업		한국	35.00%	6,566	35.00%	42,001
합계				731,840		14,269,218

희한하게도 이런 기업들은 대부분 '이상한' 이름의 종속회사 또는 관계회사 주식을 다수 보유하고 있다. 뿐만 아니라 '이상한' 이름의 회사 지분은 장부가치(금액)가 0원인 것이 대부분이다. 투자는 했지만, 해당 기업이 망했거나 유명무실해진 경우가 왜 이렇게도 많은가. 의문이 든다.

물론 우리도 주식투자를 하면 매번 벌 수는 없고 가끔 손해도 보는 것처럼, 기업 역시 투자하는 족족 성공하리란 보장은 없다. 그렇기 때문에 이런 도전정신의 결과로 나타난 장부가치(금액)가 0원인 투자 기업 리스트가 무조건 나쁜 행위의 결과라고 치부하기에는 너무 과한 것일 수도 있다.

그러나 이런 관계회사를 이용해서 회사의 치부를 숨기고 나쁜 목적을 위해 활용된다면 문제가 된다. 관계회사를 이용해 나쁜 짓을 한 사례를 들어볼까?

M&A 인수자문사로 실사를 했을 때 이야기다. 실사 대상 기업의 관계회사는 미국에 본사를 두고 있었다. 당시 관계회사와 매출거래가 많았기 때문에 관계회사의 실재성과 매출거래의 발생사실 등을 확인하기 위해 LA와 시카고로 날아간 적이 있다.

그런데 확인 결과, 쇼크였다. 관계회사 창고에는 모회사(한국) 제품이 장부상 숫자로 확인했던 것보다 훨씬 많이 쌓여 있었던 것이다. 관계회사는 북중미 내 거래처에 판매만 하는 기업으로 한국에서 물건을 떼어와서 미국이나 캐나다 등으로 유통하는 곳이었는데, 가져온 제품이 팔리지 않아 그대로 먼지만 쌓여 있었던 것이다. 시간이 지나면 다 폐기해야 한다며 현지 담당자의 걱정이 이만저만이 아니었던 것으로 기억한다.

이렇게 실사를 통해 한국에서 해외 관계회사로 판매한 수출액 대부분이 허수라는 것을 눈으로 직접 확인할 수 있었다. 어떻게 보면 고육지책으로 일단 해외 관계회사가 판매 전문기업이기 때문에 제품을 가져다 놓으면 결국에는 팔리겠지 하는 '판매시기'의 차이일 뿐이라고 스스로 위안을 삼았겠지만, 엄연히 이건 매출이 아니라 전형적인 밀어내기 허수 매출인 것이다.

이런 식으로 하면 해외 관계회사는 매입한 제품이 많은데 매출은 따라주지 않아 손실이 쌓이게 되고, 결국 순자산이 (-)가 된다. 반면 한국 소재 기업은 수출한 금액만큼 매출로 계상하고, 관련 이익을 재무제표에 표시할 수 있어 북중미/중남미 시장으로 개척해 나가는 장래가 촉망되는 기업으로 포장할 수 있는 것이다. 물론 시간이 지나면 매출채권을 회수하지 못해 결국 문제가 되기는 하겠지만 당장은 좋게 보여줄 수 있는 것이다.

뿐만 아니라 뭔가 현혹시키고자 하는 느낌이 팍팍 드는 이상한 이름의 비상장회사 지분을 들고 있는 경우도 많다. 희한한 이름의 기업인데 왜 이 기업에 이 많은 돈을 주고 지분을 취득했는지 의문이 든 경우가 한두 번이 아니다. 외적으로는 신사업을 추진하는 것처럼 설명하겠지만 취득에 있어서 그 목적이 의심스러운 경우가 많다.

(단위 : 천원)

특수관계자	당기			전기		
	대여금	대손충당금	장부금액	대여금	대손충당금	장부금액
	9,344,279	(9,344,279)	-	7,143,949	(2,161,739)	4,982,210
	4,428,228	(4,428,228)	-	4,247,865	-	4,247,865
	604,625	(604,625)	-	-	-	-
합계	14,377,132	(14,377,132)	-	11,391,814	(2,161,739)	9,230,075

그냥 최근 유행하는 신산업과 연관되는 듯한 이름의 기업을 인수하는 척해서 주가를 띄우고 유상증자나 전환사채 발행 등을 통해 영업이익이 아닌 자본거래 이익을 얻고자 하는 행위에 불과할 수도 있기 때문에 항상 주의 깊게 살펴야 한다.

그리고 이러한 관계회사에 대한 대여 행위가 많다면 더 문제다. 결국에는 전부 대손 처리될 가능성이 높다. 이건 앞서 설명한 이상한 대여금과 연계되는 문제인데 회사 규모 대비해서 이상하게 관계회사가 많고 이런 회사에 자금 대여 등의 행위가 포착된다면, 일단 이런 회사는 나쁜 회사 재무제표를 가지고 있다고 보고 투자 대상에서 제외하는 것이 맞다.

투자주식 회계처리

투자주식은 매년 변동하는 것이 정상이다.

지분을 보유하고 있는 기업의 외형이 커지거나 작아질 때, 이익이 나거나 손실이 날 때 내가 보유한 주식도 같이 비례적으로 변동해야 한다. 이건 상식이다. 이런 상식적인 내용을 반영하기 위해 지분법을 활용한다고 보면 된다.

기업이 보유하고 있는 특정 기업의 지분은 매도가능증권 등 투자자산으로 분류하고 지분을 많이 보유하고 있으면 그 정도에 따라 지분법적용투자주식 또는 종속기업투자주식이라는 계정과목으로 분류한다.

매도가능증권, 지분법적용투자주식, 종속기업투자주식 등 똑같은 출자금, 주식을 보유하고 있어도 다양하게 구분된다. 일부러 어렵게 만들려는 것이 아니라 최대한 정보이용자로 하여금 주식을 보유하고 있으면서 얻을 수 있는 효익이나 능력을 계정과목만으로도 알아차릴 수 있게 하기 위함이라고 보면 된다.

지분법이나 종속기업투자주식이 많다고 한다면 회사가 여러 사업을 위해 다양한 형태의 기업을 자회사나 계열사로 보유하고 있구나 하고 생각하면 된다. 유동자산으로 분류하고 있는 매도가능증권 등(단기매매증권 포함)을 보유하고 있다면 이 회사가 보유 현금이 많아서 그런지 사업 외 주식투자를 많이 하는구나 하고 생각하면 된다.

나는 회사가 보유 현금을 운용하는 목적으로 주식투자를 하는 것이 과연 맞는 것인가 생각하곤 한다. 이러한 주식투자는 컨트롤할 수 없는 리스크를 기업에 부담시키는 행위이기 때문이다. 자기 사업에 집중하지 못하고 타 기업의 주식을 사고 팔면서 이익을 내려고 하는 기업은 사업목적을 바꾸는 것이 맞다.

각설하고, 매도가능증권 외 투자주식의 경우 투자기업이 피투자기업에 대해 유의적인 영향력*이 있을 때 투자자산을 지분법적용 투자자산으로 분류하고, 50% 이상의 지분율을 보유하고 있거나 이사회 중 다수의 의결권을 가질 때는 투자기업이 피투자기

⊘ 유의적인 영향력

지분을 많이 들고 있어도 되고, 기타 약정으로 이사회 권한이 있어도 된다. 실질적인 영향력을 따진다

업을 지배한다고 보고 투자자산을 종속기업투자주식으로 분류한다.

여기서 유의적인 영향력을 무엇 하나로 단정할 수는 없겠지만, 회사가 의사결정을 할 때 어떻게든 영향을 미칠 수 있는 지위를 가지고 있다고 보면 된다. 회사 입장에서는 눈치를 본다는 것이다.

지분 20% 이상 보유	지분법적용투자주식-지분법
지분 50% 이상 보유	종속기업투자주식-지분법/원가법/공정가치법 *종속기업투자주식이 있는 경우 두 기업의 재무제표를 합산해서 '연결재무제표'를 추가로 작성함

그렇다면 종속기업의 경우에는 내(지배주주) 의사에 반하는 의사결정을 하지 못한다는 것이다. 다시 말해 유의적인 영향력이 아닌 절대적인 영향력을 가진 경우로 내가 이렇게 하라고 하면 반드시 그렇게 할 수밖에 없는 기업이라면 종속기업으로 본다.

이렇게 투자기업(지분법, 종속)은 당연하게 자신의 영향력을 활용해 자신들이 유리한 쪽으로 피투자기업의 영업 및 재무의사결정 등을 조절할 수 있다. 그렇기에 혹시나 이 두 기업 간에

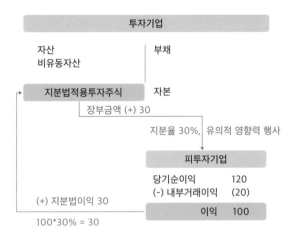

지분법 회계처리의 기본 개념

투자기업

자산
비유동자산

부채

지분법적용투자주식   자본
　　장부금액 (+) 30

지분율 30%, 유의적 영향력 행사

피투자기업

당기순이익　　　120
(-) 내부거래이익　 (20)

(+) 지분법이익 30

이익　　100

100*30% = 30

거래가 일어난다고 하면 실질적으로 볼 때 내부거래로 보아 지분법이익 산정 시 제거를 하기 때문에 내부거래를 통해 투자회사의 이익을 조절하는 것은 사실상 불가능하다.

그렇다면 지분법이라는 것은 과연 뭘 말하는 것일까? 지분을 보유하고 있는 기업이 성장해 기업가치가 커지면 내가 보유하고 있는 주식의 가치 또한 오르는 게 상식적이다. 물론 피투자기업이 손실이 발생해 쪼그라들면 내가 들고 있는 주식도 같이 줄어들어야 한다. 이런 상식적인 내용을 반영하는 것이 지분법이라고 보면 된다.

원가법은 피투자기업이 커지든 줄어들든지 간에 취득 당시 동일한 금액으로 재무상태표에 표시하는 것이고 공정가치법은 피투자기업을 별도로 평가해 시가를 반영한 공정가치로 재무상태표에 표시한다고 보면 된다.

지분법을 적용할 때는 피투자기업이 100원을 벌었다고 칠 때, 내 지분율이 30%일 경우에는 30원만큼 투자주식이 커질 것이고, 20%일 경우에는 20원만큼 커지는 것이다. 반대로 손실이 100원이 났을 경우에는 보유지분율이 30%일 때는 30원만큼 투자주식이 줄어드는 것이다.

이렇게 투자주식과 관련한 회계처리는 지분법, 원가법, 공정가치법 등 다양하게 적용할 수 있는데 그 적용 범위와 방법이 매우 다양하고 복잡해서 구체적인 내용은 언급하지 않겠다. 실무적으로 접근한다면 너무나 다양한 케이스에 상세한 조건을 고려해야 하기 때문이다. 이런 것들은 관련 실무 서적을 참고 바란다.

재고자산이 많아도 너무 많아
― 재고자산이 당기순이익에 미치는 영향

재고자산은 당기순이익에 직접적인 영향을 미친다. 그러나 재고자산 변동으로 발생하는 효과는 특정 시점에만 영향을 미칠 뿐 기업 가치에는 아무런 영향을 미치지 못한다. 그럼에도 불구하고 연임을 원하는 전문경영인과 당장 상장폐지를 벗어나거나 금융기관이 요구하는 실적에 맞추기를 원하는 기업에게는 당기 실적이 무엇보다 중요할 수 있다. 그래서 당기 실적에 영향을 미치는 재고자산의 크기가 문제가 된다.

재고자산은 제조업을 영위하는 기업에 필수적인 존재다. 제품을 만들려면 원재료가 필요하고 부재료, 저장품 등 각종 재고자산이 필요하다. 이런 재고자산은 미리 구매해 놓지 않으면 생산라인이 중간에 멈출 수도 있어서 계획된 생산량에 부합하는 일정한 수준만큼은 미리 구매해서 창고에 쌓아 놓는다.

최근 차량용 반도체가 부족해서 만들고 싶어도 생산라인이 제대로 돌아가지 않을 수 있는 것처럼 미리 구매해 놓지 않았다면 아예 자동차를 생산하지 못할 수도 있는 것이다. 마찬가지로 제품 재고도 주문생산품이 아니라면 판매하기 전까지 미리 생산해 놓는 것이 일반적이기 때문에 제품 재고는 거의 모든 기업에 있다고 보면 된다.

재고자산은 그냥 물건인데 이게 많아지냐 적어지냐에 따라 어떻게 이익에 영향을 미치냐 의문이 들 것이다. #재고자산과 당기순이익의 관계는 복잡 미묘하다.

그냥 더도 말고 덜도 말고 딱 3년치만 매출액과 재고자산의 비율을 비교해보자. 비슷한 비율로 유지된다면 큰 문제가 될 여지는 적을 것이나, 해당 비율이 들쭉날쭉하다면 반드시 왜 어떤 이유로 재고자산이 큰 폭으로 변동했던 것인지 납득할 수 있어야 할 것이다.

만약 납득할 수 없다면 재고자산 금액의 크기는 인위적으로 변동했을 가능성이 있다고 봐도 무방하다. 그렇다면 기업들은 어떤 식

$$P(가격) \times Q(수량) = 재고금액$$

둘 중 하나라도 조작된다면 재고자산 금액은 왜곡된다.

으로 재고를 조정할까?

먼저, 있지도 않은 가공의 재고자산을 만드는 케이스다. 당기순손실의 규모를 축소하거나 당기순이익으로 흑자전환을 하기 위해서는 평소의 재고자산으로는 어림없었기에 회사는 재고자산 규모를 부풀리려 했고, 급기야 실제로 존재하지 않는 재고자산(재공품, 반제품 등)을 가공해서 계상하는 방법을 썼다. 이때는 전기 대비 매출의 변동이 거의 없었음에도 불구하고 원재료나 재공품의 크기가 큰 폭으로 급증했었기에 의심을 살 이유가 충분히 있었다.

의심이 들 경우에는 재고자산의 세부내역을 한번 살펴보자. 크기와 무게가 동일한 재고자산이고 품명이 동일함에도 불구하고 단위당 단가가 원래 들고 있던 기초 재고자산보다 2배 이상 상승했다.

물론 비경상적인 요인 등으로 원재료 단가가 급등했다면 모르겠지만 그런 실질적인 이유가 없었음에도 2배 이상 상승한 것은 뭔가 이상하다. 결국 확인해보니 기중 매입단가를 조작해 기말 수량이 동일함에도 2배 이상의 금액을 계상했던 것이다. 회사는 아무것도 하지 않고, 기중 매입단가만 조작해서 당기 이익을 부풀릴 수 있었다는 것을 알 수 있다.

다음으로 수량을 조작해서 재고자산을 부풀리는 케이스다. 일반적으로 대부분의 회사는 매 분기 또는 기말에 재고실사를 전사적으로 진행한다. 이때 외부감사인이 재고자산 실사에 입회하며 제3자의 확인하에 재검에 들어가기 때문에 재고자산 숫자를 왜곡하고자 하는 동기를 최대한 막고 있다. 그럼에도 불구하고 수량을 조작하기 위해 다양한 시도가 이루어진다.

재고실사 과정에서 결국 확인하지 못한 재고수량은 타처보관재고 확인증이나 외부 조회 증빙으로 대체하고자 유도한다. 관련 증빙을 조작해 기말 재고자산의 과대계상을 정당화시키는 것이 기업입장에서 가장 쉬운 방법이다.

회사 창고에 보관하고 있는 재고금액이 60%이고 타처보관재고가 40% 정도나 된다면 반드시 타처보관재고도 실사 입회를 수행할 것이나, 비중이 중요하지 않을 경우에는 이를 외부 증빙으로 대체하는데 이를 이용한 것이다.

솔직히 회사가 마음먹고 조작하면 외부감사인은 이를 억지로 자료를 추궁하고 재확인하지 않는 이상 알지 못한다. 다만 당시에 파악

나쁜 회사 재무제표

되는 주요 정황(고철 시세, 구리/아연 시세 등의 추이, 산업환경 변동 이슈 등)이나 주요 경쟁업체의 재고자산 변동추이 비교분석을 통해 간접적인 확신은 얻을 수 있다.

그래서 감사를 진행하면서 주된 의문이 해소되지 못할 경우, 이에 대한 충분한 증거를 확인하기 위해 추가적으로 요청한다. 그럼에도 불구하고 요청한 자료에 대해 회사가 제대로 된 자료를 제시하지 못하면 #감사의견 변형(한정의견 등)이 이루어지게 되는 것이다.

세 번째로는 진부화되거나 앞으로 팔기가 어려울 것으로 보이는 재고자산에 대해 별도의 평가손실을 계상하지 않는 것으로 재고자산을 과대 계상하는 케이스가 있다.

이마트나 홈플러스에 저녁 8시쯤 가면 조리식품을 30~50% 싸게 내놓는다. 왜냐하면 오늘이 지나면 해당 제품은 더 이상 판매할 수 없기 때문이다. 이처럼 어떤 제품도 제철이 지나면 가치가 하락한다. 그래서 시대에 뒤떨어져 당장 팔아도 이익을 내지 못할 것이 거의 확실한 재고자산의 경우에는 평가손실충당금을 계상할 것을 기업회계기준에서 정하고 있다.

명백한 증거가 확인됨에도 불구하고, 회사는 해당 재고자산을 판매할 경우 정상이익을 실현할 수 있다고 주장하곤 한다. 만약 회사의 주장을 그대로 인정한다면 미래에 결국 인식할 손실에 대해 시한폭탄처럼 안고 가야 할 수밖에 없고, 왜곡된 재무제표를 받아볼 수밖에 없다.

회사가 맘먹고 왜곡하려 한다면 그 누가 와도 해결하지 못할 수 있다. 따라서 재무제표를 직접 살펴보는 정보이용자가 슬기롭게 과대계상 가능성에 대해 의심할 수 있는 최소한의 안목을 기르는 것도 중요하다.

재고자산과 관련해서는 동종 경쟁업체의 매출액 대비 재고자산 비율을 직접 대 놓고 비교해보자. 기중 변동이 중요하다고 해도 서로 유사하다면 괜찮지만, 많이 차이 난다면 나쁜 회사 재무제표가 아닌지 한 번 더 의심해보자.

나쁜 회사 재무제표

재고자산과 당기순이익의 관계

내가 중고시장에서 사용하지 않는 새 노트북을 거래한다고 치자. 이때 포장지도 뜯지 않은 새 노트북을 팔았을 경우, 내가 받는 돈이 매출액이고 내가 판 노트북의 구입가격을 매출원가라고 볼 수 있다. 이때 매출액과 매출원가는 1:1 대응이 가능하다. 왜냐하면 하나의 거래로 원가와 매출액이 구분되기 때문이다.

그런데 기업의 매출원가는 그렇게 딱 맞아떨어지지 않는다. 한 개의 노트북을 만들기 위해서는 엄청난 수의 부품이 필요하고, 그 부품을 조립하는 로봇이나 사람의 노동력이 필요하다. 그리고 조립할 수 있는 공장 유지비와 전력비 등 각종 비용이 들 것이다. 이렇게 한 개의 제품을 만드는 데 소요되는 원가는 셀 수 없이 많은 종류로 이루어져 있고, 회사 규모에 따라 하루에도 수백 수만 번의 거래가 이루어질 것이기에 매출 건과 1:1

재무상태표(기초)		재무상태표(기말)	
자산	부채	자산	부채
재고자산 10		재고자산 20	
	자본		자본

기초재고	10원
(+) 당기투입원가	110원
(-) 기말재고	20원
매출원가	100원

손익계산서

매출액	120
(-) 매출원가	(100)
이익	20, 이익률 16.7%

기말 재고자산 (+) 30

재무상태표(기초)		재무상태표(기말)	
자산	부채	자산	부채
재고자산 10		재고자산 50	
	자본		자본

기초재고	10원
(+) 당기투입원가	110원
(-) 기말재고	50원
매출원가	70원

손익계산서

매출액	120
(-) 매출원가	(70)
이익	50, 이익률 41.7%

이익 30% 증가
이익률 25% 증가

아무것도 변하지 않고 기말재고자산
금액만 바뀌었을 뿐인데

대응 자체가 불가능하다.

물론 완벽한 전산을 도입해서 제품으로 생산됨과 동시에 아이템별로 원가가 부여되는 개별 원가로 손익을 측정한다면 가능할 수도 있겠지만, 이럴 경우 현실적으로 불가능하기보다는 효율성과 효과성 측면에서 뒤떨어진다. 아이템별 개별 원가로 나누어봤자 그 개별 원가로 나누기 위한 원가 배분방식이나 기타 등등 계산방식에 대한 검증이 필요할 것이고 복잡한 거래 활동에 있어서 너무나 비효율적인 계산방식이기 때문이다.

그래서 일반적인 제조기업에서는 매출원가를 간접적으로 산정한다. 어차피 투입되는 비용은 입력만 제대로 한다면 완전하게 집계가 가능하기에, 기초에 남아있던 재산에서 투입된 재산을 더한 뒤 기말에 남아있는 재산을 빼면 실제 현금화가 이루어진 비용을 산출할 수 있다.

쉽게 설명하기 위해 내가 길거리에서 호떡을 파는 사업을 한다고 가정해보자. 호떡 하나를 만들기 위해 필요한 비용(전기 단위당 제조원가)은 500원이다. 어제 호떡(제품)을 팔고 남은 호떡(기초 재고자산)은 10개다. 원가로 치면 5,000원어치다. 이건 오늘도 팔 수가 있다.

오늘 오전 6시부터 저녁 10시까지 호떡 장사를 한 결과, 호떡 100개(제품 판매량)를 팔았고 5개의 호떡(기말 재고자산)이 남았다. 오늘 장사를 위해 들어간 비용은 밀가루와 기름 설탕, 땅콩 등 다해서 5만 원(당기 제품제조원가), 개당 1,000원에 팔아서 오늘 내 수중으로 들어온 돈은 10만 원(매출액)이다. 10만 원을 벌었고, 5만 원어치 비용을 투입했으니 오늘 장사해서 남은 돈은 5만 원인가?

그런데 곰곰이 생각해보니 어제 만들었다가 오늘 팔아 치운 어제의 호떡 10개(기초 재고자산)가 있다. 그럼 오늘 내가 만든 호떡은 몇 개일까? 100개를 팔았으니 어제의 호떡 10개를 빼면 오늘 만든 호떡을 판 개수는 90개다. 여기에 오늘 남은 호떡 5개(기말 재고자산)가 있으니 결국 오늘 내가 열심히 만든 호떡은 95개(당기생산량)다.

그럼 원가는 얼마일까? 오늘 생산한 호떡의 단위당 원가는 5만 원 나누기 95개로 526원(단위당 제조원가)이다. 그러므로 오늘 판매한 호떡의 원가(매출원가)는 어제 호떡 (10개×500원=5,000원)+오늘 투입 비용(50,000원)-오늘 남은 호떡(5개×526원=2,632원)=52,368원으로 계산된다. 이렇게 보면 오늘 내가 실제 번 돈(매출총이익)은 4만 7,632원(100.000원-52,368원)이다.

집에 들어가니 아내가 오늘 얼마 벌었냐고 물어보았다. 많이 못 벌었으면 혼날까 봐 얼떨결에 6만 원을 벌었다고 했다. 그 이유를 고민 끝에 거짓말을 섞어 다음과 같이 설명했다. 오늘 내가 순수하게 벌어들인 현금은 5만 원(100,000원-50,000원)이지만, 호떡이 30개 남았기 때문에 이걸 내일 팔면 되니 실제 번 돈은 남은 재고자산에 대한 생산원가를 더해서 6만 원(50,000원+20개[기말재고자산 30 - 기초재고자산 10]×500원)이라는 것이다. 아내가 너무 많이 남은 게 아니냐며 의문을 품었지만, 그만큼 밀가루와 기름, 설탕, 땅콩을 효율적으로 사용해서 호떡을 만들었기 때문이라고 둘러대고 넘어갔다.

호떡을 100개 팔았는데 30개나 남았다고 하니 어제 남았던 10개를 고려해서 오늘 120개를 열심히 만들었다고 '뻥을 친' 것이다. 이렇게 하면 오늘 생산한 호떡 1개의 원가는 5만 원 나누기 120개로 417원(단위당 제조원가)으로 줄어든다.

다시 계산해보면 오늘 판매한 호떡의 원가는 어제 호떡(10개×500원=5,000원) + 오늘 투입 비용(50,000원) - 남은 호떡(30개×417원=12,500원) = 4만 2,500원으로 계산된다. 이렇게 보면 남은 호떡 개수만 뻥을 친 것으로도 매출원가가 줄어들어 이익이 9,868원(52,368원-42,500원)으로 커지는 것이다.

간단히 예를 든다고 들었는데 이해가 됐을지 모르겠다. 요컨대 중요한 것은 재고자산 금액(수량 또는 단가)을 일부러 조절하는 것만으로도 이익을 바꿀 수 있다는 점이다. 이러한 맹점을 누군가는 적극적으로 이용한다. 재고자산을 뻥튀기해서 이익을 올리는 것이다.

　재고자산은 수량과 단가를 곱한 값의 합계인데, 여기서 수량이나 단가를 속일 수 있다. 이렇게 해서 많은 기업이 이익을 과대 계상해 투자자들을 속이는 것이다. 회계감사를 통해 이런 내용을 최대한 찾아내려 하지만, 마음먹고 조작(증빙 등)한다면 속이는 것은 어찌 보면 쉬울 수 있다. 더 파고들면 복잡해지니 여기서 줄이고, 재고자산이 이렇게 이익에 영향을 미친다는 점만 이해했으면 좋겠다.

감사의견에 대한 사람들의 오해

감사의견만으로는 회사가 좋은지 나쁜지 구분하기 어렵다. 적정 의견을 받은 회사라고 해서 상장폐지 위험에서 완전히 벗어난 기업이 아니며 손실이 엄청나게 많이 나더라도 부도위험이 없다는 것을 의미하는 것이 아니다.

우리는 일생 동안 시험을 본다. 학교에 들어가서도 회사에 취직해서도 시험을 본다. 자격증을 따기 위해서 시험을 보고, 승진을 위해서도 시험을 치른다. 이렇듯 시험은 인생에 있어서 무조건 있는 이벤트다.

기업도 마찬가지다. 기업은 1년 동안 열심히 일한 결과를 세세하게 기록하고 표시해서 보고한다. 기업에 대해 알고 싶어 하는 투자자, 채권자를 비롯해 잠재적인 투자자 등의 정보이용자를 위해서 말이다. 이런 실적 보고의 집합체가 재무제표다. 이런 재무제표를 회계법인이 감사를 통해 확인한다.

감사의견이란 말은 더러 들어보고, 신문이나 뉴스 등 미디어에서 자주 접했을 것이다. 아무래도 감사보고서상 감사의견에 따라 상장폐지 여부가 결정되는 경우가 많아 아주 민감한 정보에 해당하기 때문이 아닐까?

구분	관리종목	상장폐지(퇴출)
유가증권	감사보고서: 감사범위제한 한정 반기검토(*): 부적정 또는 의견 거절	감사보고서: 부적정 또는 의견 거절, 2년연속 감사범위제한 한정
코스닥	반기검토(*): 부적정 또는 의견 거절 범위제한 한정	감사보고서: 부적정 또는 의견 거절, 범위제한 한정, 단, 계속기업불확실성에 의한 경우 사유해소 확인시 반기말까지 상장폐지 유예

감사의견에 따른 관리종목 및 상장폐지 대상 선정

(*) 일종의 약식으로 수행하는 감사

그런데 이런 감사의견을 아주 많은 사람이 오해하고 있다. 먼저 감사의견이라는 건, 회사가 나쁜 회사인지 좋은 회사인지를 구분하는 의견이 아니다. 적정의견을 받은 회사라고 해서 상장폐지위험에서 완전히 벗어난 기업이 아니며, 손실이 엄청나게 많이 나더라도 부도위험이 없다는 의미도 아니다. 감사의견 중 적정의견이라는 것은 '100점 기업'이 아니고, 자신의 성적을 정직하게 알린 기업이라는 뜻이다.

감사보고서 적정의견의 예시

우리의 의견으로는 별첨된 회사의 재무제표는 회사의 2021년 12월 31일 현재의 재무상태와 동일로 종료되는 보고기간의 재무성과 및 현금흐름을 한국채택국제회계기준에 따라 중요성의 관점에서 공정하게 표시하고 있습니다. → 적정의견

외부감사는 외감법에 따라 의무적으로 받아야 하는 것으로 주로 매년 1~3월 사이에 이루어진다. 나와 같은 회계사들은 팀을 만들어 직접 회사를 방문하고 재무제표에 제대로 표시됐는지 확인하기 위한 각종 자료를 요청하고 받아서 확인한다. 이런 일련의 검증을 거친 결과 회사가 제출한 재무제표가 잘못 표시한 것 없이 어느 정도 합리적인 수준에서 잘 표시하고 있는지의 여부를 확인하고, 의견(적정, 한정, 비적정, 의견거절)을 내는 것이다.

무엇이든 완벽한 것은 없다. 오류도 있을 수 있고, 중요하지 않아 넘어갈 경우도 있고, 이런 모든 내용을 고려할 때 100원이라고 표시하고 있는 재무정보가 실제 100원에 정확하게 떨어지는 것이 아닌 그 정도 수준이며, 합리적으로 납득할 수 있는 경

우에 감사의견으로 적정의견을 낸다고 보면 되는 것이다.

예를 들어 실제 50원짜리인데 100원이라고 표시해서 제출한 기업의 경우 부적정/한정 의견이 내려지는 것에 비해 실제 99원짜리인데 100원이라고 표시해서 제출한 경우에는 그 차이가 어느 정도 납득할 만한 수준이기 때문에 적정의견을 낼 수 있다는 것이다.

감사의견만으로는
회사가 좋은지 나쁜지
구분하기 어렵다.

과유불급〔過猶不及〕
— 분수에 맞지 않는 대규모 투자는 화를 부른다.

기업이 성장하기 위해서는 반드시 투자가 필요하다. 그러나 시기에 맞지 않거나 분수에 맞지 않는 투자는 언제나 화를 부른다. 과한 것은 하지 않은 것만 못하다.

어느 기업의 사장님과 이야기를 나누던 중 사장님이 대뜸 나에게 이런 말을 했다. "20년간 제조업을 해왔지만 결국 공장부지 땅값이 올라 남은 것밖에 없다." 물론 과장된 말이지만 일견 이해가 되는 말이기도 했다. 대기업의 1차 벤더 지위를 유지하기 위해선 계속해서 투자할 수밖에 없었기 때문에 실상 대표이사의 손에 쥐어지는 돈은 없었던 것이다.

조금 더 기다려보면 나아지겠지 했지만, 대기업의 계속적인

CR(Cost Reduction)에 공급단가는 인하됐고 이익은 계속 줄어갔다. 급기야 대기업은 남몰래 벤더를 이원화 또는 다원화했으며, 현재 수준에서는 더 이상 이익을 낼 수 없게 됐다. 여기서 대표이사의 의사결정이 중요하다. 기업의 생사가 결정될 수 있기 때문이다.

A사 대표이사는 고민 끝에 1차 벤더 납품 사업은 접기로 결정하고, 공장을 외곽으로 이전했다. 1차 벤더 매출이 큰 폭으로 줄어 손실이 커졌지만, 다행히 기존 공장 땅값이 큰 폭으로 올라 100억 원의 시세차익을 얻을 수 있었다. 해당 차익으로 기존 손실을 어느 정도 만회할 수 있었다.

이후 사업 규모와 유형자산 비중을 줄인 덕에 매출 감소에 따른 손실을 최소화할 수 있었고, 몇 년 뒤 대기업에 종속되지 않고 거래처 다변화를 통해 과거 달성했던 매출액 수준으로 회복할 수 있게 됐다.

반면 B사 대표이사는 고민 끝에 생산 CAPA를 확장하기로 결정했다. 생산 규모를 늘려서 원가경쟁력으로 밀어붙이기로 결정한 것이다. 대표이사 말로는 지금껏 키워온 회사 규모를 줄이려니 자존심이 허락하지 않았다고 한다.

B사 주거래은행 지점장은 주변 공장부지를 소개해주며 이 공장을 인수하면 최대한 대출을 해주겠으니 믿고 투자를 해보라고 했다. 모 아니면 도다. 무리인 듯해도 투자를 하고 나면 기업 규모가 지금보다 배로 커진다. 이왕 하는 김에 사무동도 아주 멋있게 짓기로 했

다. 1,000억 원을 투자하자 50억 원이 더 든다고 하는데, 달라질 게 뭐 있을까 하는 생각에 B사 대표이사는 걱정보다 기대가 더 컸다. B사는 신규 투자로 인해 자산규모 2,000억 원대 회사가 됐다. 항상 경쟁했던 A사는 500억 원짜리 회사로 쪼그라들었다는 소식에 B사 대표이사는 더욱 우쭐했다.

은행으로부터 대출받은 대규모 차입금이 1년 뒤에나 만기가 돌아올 것이지만, 만기가 돌아오면 재약정을 통해 만기 연장을 하면 되고, 지점장도 찰떡같이 만기 연장을 약속했으니 아무런 걱정할 것이 없다고 생각했다. 이자비용이 다소 늘긴 하겠지만, 생산규모 확대로 매출액도 늘 것이기 때문에 이익 증가분으로 상쇄시키면 된다고 확신했다.

그런데 문제가 발생했다. 갑자기 한 정치인의 무심한 언사 탓에 중국과 한국 사이가 틀어진 것이다. 금방 해결될 줄 알았던 이슈는 중국의 강경대응으로 당분간은 해결되지 못할 것 같았다.

회사가 생산하는 제품 대부분은 중국에 소재하는 완성제품 제조공장으로 납품한다. 그런데 통제할 수 없는 정치적 이슈로 인해 중국 소재 제조공장이 전부 셧다운(Shut Down)되어버려 납품 자체가 불가능해졌다. 전체 생산물량의 80% 이상을 중국 수출에 의지하고 있던 터라 수출이 막혀버리면 매출 80%가 사라져 버리는 셈이다. 모기업(발주처)에 납품을 받아달라고 사정했으나 자신들도 '제 코가 석 자'란다. 알아서 살길 찾아보란다. 너무 어이없고 무책임해 화가 낮지만 어쩔 도리가 없다.

재무팀장은 보유 현금으로 버틸 수 있는 기한이 2개월이고, 그 이상은 버티기 힘들다고 보고했다. 이 소식을 들은 은행마저 대출금 만기를 더 이상 연장해주지 못하겠다고 전했다. 그렇게 자기만 믿어보라며 등 떠밀 때는 언제고, 완전히 태도가 바뀌었다. 어려울 때 도와준다더니 다 거짓말이었다. 비올 때 은행이 우산을 씌워줄 것이라 믿어선 안 된다. 오히려 들고 있던 우산을 뺏어 가져가 버리는 것에 대비해야 한다.

B사 대표이사는 개인 재산을 팔아서 어떻게든 자금을 마련해보지만 이미 커질 대로 커진 몸집에 들어가는 비용도 그만큼 커져 버렸다. '밑 빠진 독에 물 붓기'가 딱 이때 들어맞는 말이었다. 이대로 두면 돈만 말라갈 것이고, 나중에는 재기조차 불가능할 것이 뻔하다. 결국 눈물을 흘리면서 기업 회생절차 개시 신청을 하기에 이른다. 그때 그 결정을 후회하지만, 이제 와 되돌릴 수는 없다.

B사 사례는 내가 현업에서 자주 봤던 패턴이다. 대기업의 배신에 유동성 부족을 겪게 되고 결국 회생 신청을 하거나, 사업이 잘될 것 같아 일단 대규모 투자를 했지만 일시적으로 사업이 지연되어 이 지경에 이르는 것이다. 조사위원으로서 회사를 방문했을 때 이런 기업들의 사무동은 아주 으리으리했다. 왜 회생 신청에 이르게 됐는지 너무나 잘 알 수 있을 것 같았다.

투자를 하는 것은 좋은 일이다. 그러나 시기를 잘못 택한 투자와 분수에 맞지 않는 투자는 회사를 망하게 한다. 재무제표를 보면 유난히 유형자산 비중이 높은 업체가 있다. 이런 업체는 사업이 아닌 부동산으로 돈을 버는 재미에 푹 빠진 회사이거나 원대한 꿈을 꾸고 선제 투자를 과감히 한 업체일 것이다. 지금껏 번 돈으로 투자를 했다면 누가 뭐라고 할 것인가. 규모에 맞지 않게 무작정 외부자금을 끌어들여 투자하는 것이 문제를 만든다.

유형자산을 포함한 비유동자산은 갑작스러운 사고가 발생할 경우 현금화가 상당히 어렵다. 현금화를 하더라도 상당한 금액의 손실을 감내해야 한다.

재무제표상에서 유형자산 등 비유동자산 대비 현금 및 단기금융상품의 비중을 살펴보자. 물론 매출채권도 현금화가 가능하나 매입채무와 상계된다고 가정하겠다. 비중 자체가 비정상적으로 보이는데 차입금 규모가 유형자산 장부가를 초과한다면 위험한 회사라고 생각하면 된다. 매출 활동으로 벌어들이는 현금으로 근근이 현재를 유지하는 위태로운 상태인 것이다.

　　아무리 좋은 회사라도 지나치면 문제가 발생하기는 마찬가지다. 문제가 발생하면 도와줄 것 같지만 망할 때까지 기다리다가 싼값에 인수하고자 하는 하이에나만 득실거리는 것이 현실이다.

제조기업이야 투자기업이야?
— 투자주식이 과도하게 많은 기업

제조기업임에도 투자주식이 과도하게 많다면 지주회사로 전환하는 것이 맞다. 그런데 취득한 투자주식 대부분이 단순 매매차익을 노리기 위한 것이라면 이 회사의 미래는 없다고 봐도 무방하다.

회사가 사업을 잘해 돈을 많이 벌었다고 치자. 아마도 현금이 쌓여 있을 것이고, 현금으로 그냥 보유하기보다는 이자 등이 붙는 금융 상품으로 가입해둘 가능성이 크다. 별도의 신사업이나 신규 투자가 있기 전까지 이러한 여유 현금은 상당한 안정성을 부여해 주기 때문에 일정 수준 이상의 현금 보유는 기업가치를 훼손시키기보다는 리스크 헤지(Risk Hedge)나 신규 사업기회 창출능력 등에 힘입어 기업가치를 유지하는 역할을 한다고 보면 맞을 것이다.

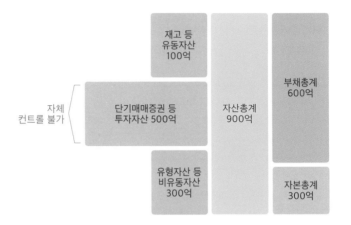

그런데 어떤 회사를 보면 이상하리만치 투자주식 비중이 높다. 투자주식 중에서도 단기매매증권 비중이 높은데, 매번 그 비중이 바뀌고 관련 거래손익이 영업외손익에 크게 묻어 나온다. 어떤 해는 사업이 잘 안 풀린 대신 소위 단타를 잘 쳐서 영업외수익이 많아 당기순이익이 난 데 비해, 어떤 해는 사업은 잘 됐는데 주가지수가 급락해 엄청난 영업외손실이 발생해 당기순손실이 났다. 어찌 보면 본사업보다 주식투자 손익이 회사 손익에 더 영향을 주는 것 같다.

한두 푼 아껴서 영업이익을 내도 주식 거래나 평가에 따른 손실이 그 몇 배 혹은 수십 배에 달하는 경우가 허다하다. 이런 회사는 아마 힘들게 영업이익을 내는 푼돈 사업을 하기가 정말 싫을 것이다. 가만히 앉아서 클릭만 잘하면 수십억 원의 이익을 낼 수 있는데, 뭐

하러 연구개발하고 원재료를 사서 가공한 뒤 제품을 일일이 판매해 이익을 올리려 애쓰는가 말이다.

직원 입장에서는 묵묵히 열심히 일해서 이익을 만들어냈을 것이다. 그런데 그 수준이 주식 단타로 벌어들인 이익에 한참 못 미친다든지, 주식 단타로 인한 손실로 오히려 회사 전체의 당기순손실이 커진다든지 하면 직원의 사기도 바닥에 떨어지기 십상이다. 대표이사는 안하무인이라 직원들의 사기 하락에 아랑곳하지 않고, 내가 내 돈으로 주식투자를 한다는데 뭐가 문제냐고 반문할 수도 있다. 솔직히 100% 지분을 보유하고 있고, 차입금도 없는 기업주라면 크게 할 말은 없다.

물론 상장회사는 이런 회사가 드물 수밖에 없다. 왜냐하면 주주들이 아주 다양하게 분포되어 있고 수시로 감시가 이루어지기 때문이다. 이렇게 보유자금을 회사와 아무 상관 없는 주식투자에 집어넣으면 횡령 또는 배임이라는 단어가 수시로 언급될 것이다. 그래서 그럴 듯한 투자 목적을 덧대어서 망가져 가는 코스닥 상장사를 인수하거나 해외 소재의 이상한 이름을 가진 비상장회사를 인수하는 형태로 자금을 '삥땅 치려' 하기도 한다. 상장회사의 자금은 자기 마음대로 하기 어려우니 비상장회사를 방패막이로 세운 후 마음대로 하자는 것일까?

모든 주주가 그렇지는 않겠지만, 주주 입장에서는 내가 가지고 있는 주식의 주가에 우선적으로 신경 쓴다. 그저 내가 투자한 회사의 해외 소재 기업 인수 소식이 주가에 좋은 방향(호재)으로 영향을 끼치기만 원할 수도 있다. 그 이후 사정은 나중에 사건이 발생한 다음에야 신경 쓰는 경우가 많다. 이걸 노린 것이다. 이미 회사의 대규모 자금은 타 법인으로 흘러 들어갔고, 컨트롤하지 못하는 법인의 자금은 온통 특정인이 주무를 수 있는 것이다.

어떻게 보면 이런 행위로 주가가 올라 '누이 좋고 매부 좋을' 수도 있겠으나, 이런 사실은 결국 시장에 영향을 미치고 주가는 바닥을 칠 것이 분명하다. 소액주주들만 죽 쑤는 셈이다. 그렇기 때문에 정체불명의 회사를 인수하려는 회사는 자세히 들여다봐야 한다. 회사 하나를 인수하기 위해서는 수많은 노력과 시간이 수반되기 때문에 어느 하나라도 허투루 진행되지 않는다.

상장사는 계약 체결이 되면 공시가 이루어지고 인수가 완료되기까지 어느 정도 시간이 소요되기 마련이다. 그리고 인수대상 회사는 반드시 재무정보를 입수할 수 있어야 할 것이다. 전자공시시스템에서도 확인 안 되는 회사이거나 구글에서도 검색이 잘되지 않는 해외 법인의 경우에는 의심을 가져볼 필요가 있다. 특히 회사 자체적으로도 자금이 없어서 쩔쩔매는데 갑자기 자금이 생겨 해외 소재 법인을 인수하거나 본래 사업을 확장시키기 보다 다른 데 눈을 돌리기 시작했다면 투자대상 기업으로는 일단 불합격이지 않을까? 기존 사업이 별로 재미없다는 것을 뜻할 것이고, 신사업이라고 해서 잘 되리라는 보장이 없기 때문이다.

나쁜 회사 재무제표

3장

너무 자격 미달이라

— 나쁜 회사 재무제표

자격미달

나쁜 회사
재무제표

회계파크

현금이 부족해
— 유동부채가 유동자산보다 많다면

단기차입금 외 매입채무 등의 유동부채가 많아지고 있다면 기업 활동이 활발해지고 있다고 봐도 좋다. 그러나 유동부채를 유동자산으로 나눈 유동비율이 줄어들고 있다면 마냥 회사가 좋아지고 있다고 보기 힘들다.

유동부채란 1년 이내에 내가 보유하고 있는 현금으로 갚아야 할 채무를 말한다. 만기에 따라 갚아야 할 시기는 1개월이 될 수도 있고 12개월이 될 수도 있지만, 1년 이내에 갚아야 하는 것은 같다. 여기서 채무를 갚기 위해서는 현금이 필요한데 이 현금은 어떻게 만들까?

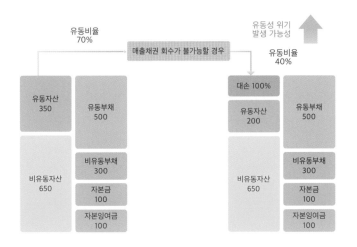

이미 현금 형태로 들고 있는 보유 현금이 있을 것이다. 보통예금에 들어가 있는 돈은 언제든지 인출이 가능하다. 그리고 자산을 팔거나 받을 돈을 회수해서도 현금화가 가능할 것이다. 이처럼 1년 안에 현금화가 가능한 자산을 유동자산이라고 한다.

유동부채가 많이 생겼다는 것은 회사가 아주 활동적이라고 알려준다. 가만히 있으면 유동부채가 생길 이유가 없다. 활동적이지 않으면 구매도 적고 당장 써야 할 돈도 적을 것이기 때문에 보유한 현금으로 충분하기 때문이다. 이처럼 유동부채가 많다는 것은 이 회사의 매출 활동이나 투자활동이 매우 활발해서일 수도 있기 때문에 그저 많다고 해서 문제가 되는 것은 전혀 아니다.

중요한 것은 유동자산과 유동부채의 '적절한' 비율이다. #유동비율이라는 것으로 유동자산을 유동부채로 나눈 비율인데, 1을 기준으로 좋고 나쁨을 구분한다. 유동부채가 많이 있다면 열심히 돈을 벌어 놓았거나 앞으로 받을 돈이 많이 있어야 하는 것이 정상이다. 만약 그런 것 없이 급전을 빌려서 부동산이나 비상장기업에 투자해버린다면 이게 문제가 되는 것이다.

극단적으로 회생절차에 들어오는 기업의 일부는 무리한 확장이 원인이다. 지금 사업이 잘 되니까 공장과 본사 건물도 그럴 듯하게 짓는다. 이렇게 확장하려고 하면 내 돈만으로는 부족하니 당연히 은행 등으로부터 외부차입을 일으켰을 것이다.

그런데 문제는 미래 자금계획을 향후 매출 계획과 연동시켜 놓았다는 것이다. 그러나 사업이 어디 항상 계획한 대로 돌아가겠는가. 거래처의 사정이 변하거나 산업환경의 급격한 변동으로 매출이 예상보다 현저히 적을 수도 있다. 이렇게 되면 원래 들어올 것으로 예상했던 유동자산이 적어져서 1년 내 갚아야만 했던 차입금이나 어음 대금 결제가 어려워진다. 어음을 쓰지 않는다고 하더라도 매입거래처들이 돈 달라고 아우성칠 것이고 급기야 압류 등 법적 절차에 들어갈 수 있다.

후회해봐야 늦었다. 부랴부랴 취득했던 부동산과 회원권 등을 매각해 돈을 마련하고자 해보지만 갑자기 팔려고 하니 매각도 쉽지 않고, 헐값에 매각해야만 해서 손해가 이만저만이 아니다. 손해만 보면 다행이지만 마련할 수 있는 자금이 부족할 가능성이 크다. 누적손실로 인해 이미 기업은 망가진 지가 오래다. 회사가 고려할 수 있는 방안은 회생 신청 등 법적 절차 외에는 딱히 떠오르지 않는다.

시의적절한 공격적 투자는 회사를 키우기 위해 필요한 과정일 수도 있다. 그러나 공격적인 투자를 집행한다고 하더라도 어느 정도 여유는 두고 예측하지 못한 리스크에 대비할 수 있어야 한다.

투자자 입장에서도 재무제표를 살펴볼 때 지나치게 유동부채가 많은 것은 아닌지 유동자산에 비해 유형자산 비중이 너무 높은 것은 아닌지 살펴야 한다. 물론 제품 생산을 위해 고가의 설비가 필요한 장치 산업은 당연히 비유동자산의 비중이 높겠지만, 유형자산 내 비영업용자산(나대지, 아파트 등)이나 당장 환가가 어려운 해외투자주식이 많다고 한다면 나쁜 회사 재무제표가 아닌지 확인이 필요할 것이다.

회사를 키우는 것은 정말 어렵고 긴 시간이 소요되지만, 망하는 것은 한순간이다. 재무제표만 제대로 볼 수 있다면 이 회사가 망할 확률이 최소 몇 퍼센트가 될지 알 수 있지 않을까?

Check Point 11

유동비율이 의미하는 것

　재무상태표를 조금만 더 구체적으로 살펴보자. 자산은 1년을 기준으로 유동자산과 비유동자산으로 구분된다. 유동자산은 1년 내 모두 현금화가 가능하거나, 현금화되는 자산이다.

　예를 들어 매출채권은 3개월 내에 현금으로 입금되고, 1년 만기 적금도 1년 내 현금화(보통 예금)가 가능하므로 유동자산으로 분류한다. 비유동자산은 흔히 건물, 토지 등 유형자산과 1년에 팔지 않을 것으로 예상되는 자산이다. 반대로 유동부채, 비유동부채도 동일한 관점에서 구분하면 된다. 따라서 단기차입금은 1년 내 갚아야 할 부채이므로 유동부채에 속하게 되며 차입금 중에서도 만기가 1년이 넘는 부채는 장기차입금으로서 비유동부채로 분류한다.

유동비율과 부채비율의 변동

(단위 : 억원)

A사	FY2019	FY2020
자산	500	1,000
유동자산	200	300
비유동자산	300	700
부채	300	800
유동부채	100	400
비유동부태	200	400
자본	200	200
유동비율(*1)	200.0%	75.0%
부채비율(*2)	150.0%	400.0%

(*1) 유동자산을 유동부채로 나눈 비율
(*2) 부채총계를 자본총계로 나눈비율

구분	설명
유동자산	1년 이내에 돈이 되는 자산
비유동자산	1년 이상 걸려야 돈이 되는 자산
유동부채	1년 이내에 돈으로 갚아야 되는 부채
비유동부채	만기가 1년을 초과해서 남아 있는 부채

상기 표에서 회사는 자산총계가 500억 원에서 1,000억 원으로 증가했다. 자산이 증가한 것은 좋은데 유동비율을 동시에 주목해보자. 500억 원일 때는 유동자산 200억 원, 유동부채 100억 원으로 유동비율이 200%였는데, 1,000억 원일 때의 재무상태표는 유동자산 300억 원, 유동부채 400억 원으로 75%인 것을 확인할 수 있다.

유동비율이 100% 이하라는 것은 1년 내 현금화될 자산보다 1년 내 갚아야 할 부채가 많다는 의미다. 즉 현금 유동성이 어느 시점이든 부족해질 수 있다는 것이다. 물론 매출채권을 회수해 부족한 자금을 메우거나, 매입채무를 조금 늦게 변제하면 어느 정도 커버가 가능하긴 하다.

단, 최근의 사례처럼 갑자기 코로나19 이슈가 발생한다거나, 서브프라임모기지 사태 등의 컨트롤할 수 없는 외생변수가 다가올 경우에는 유동성 부족이 치명타가 될 가능성이 높다.

사업을 접어야 하나?

— 영업이익으로 이자도 못 갚는 회사

영업이익이 나더라도 매년 이자를 못 갚을 정도라면 사업을 과감하게 접는 편이 나을 수 있다. 희망고문은 사람과 마찬가지로 회사를 말려 죽인다.

이익은 꾸준히 난다. 매출도 계속 늘고 있다. 조금만 더 참으면 잘 될 것 같다. 그런데 투자가 계속 필요하다. 하지만 수중에 돈은 이미 바닥난 지 오래다. 동업자들한테 돈을 더 투자받자니 회사를 뺏길 수도 있을 것 같다. 결국 외부에서 자금을 조달할 수밖에 없다.

처음에는 내가 직접 넣은 자본이 워낙에 적다 보니 급성장하는 회사에 필요한 투자액을 따라가기가 상당히 어렵다. 이 경우 미래 성장성을 적극적으로 어필해 외부로부터 투자를 받아 자본을 늘리고 이에 걸맞은 차입을 일으켜 투자액을 극대화하면 된다. 이런 식으로 벤처기업이 몇 년 안에 가치가 몇 조 원으로 불어나는 유니콘(Unicorn)기업*도 있다.

그런데 이런 벤처기업은 초기에 투자금만 많이 들어가고 실제 벌어들이는 이익은 당장 없는 경우가 대부분이다. 이익이 있다고 해도 기대에 턱없이 못 미치고, 매출이 늘어나는데 손실도 같이 늘어나는 형국이다. 그러나 이런 기업에 투자하려는 곳은 정말 많다. 왜일까? 당장은 손실이 나더라도 그 손실은 내가 지금 투자하는 돈을 불려줄 자양분 같은 선투자로 보는 것이다.

나쁜 회사 재무제표

슬롯머신을 예로 들어볼까? 하나의 슬롯머신에 어떤 사람이 열심히 돈을 넣고 또 넣기를 반복하다가 포기하고 다른 곳으로 옮긴다. 그 순간 어디에서 나타났는지 웬 할머니가 재빨리 자리를 차지하고 앉아 그 슬롯머신을 돌리기 시작한다. 얼마 안 돼 할머니는 잭팟을 터트린다.

이것은 무엇을 말하는가? 할머니는 앞서 열심히 돈을 넣었던 자의 선투자를 믿고 슬롯머신을 열심히 돌렸던 것이다. 이미 넣어 놓은 선투자는 어디 가지 않고, 히스토리를 축적한 채 확률을 높여주는 것으로 믿었다. 그렇게 믿고 투자했기에 잭팟을 터트릴 수 있었던 것이다.

어찌 보면 과도한 비유일 수 있다. 그러나 선투자액과 미래 가능성을 보고 투자를 집행하는 투자자를 설명하기 위해서 일부러 과한 예시를 들었다. 공격적인 투자자들은 손실이 많아 보여도 매출이 성장하고 산업 내 '리딩 컴퍼니'라고 한다면 그 어려움을 충분히 감내하고자 한다. 어떻게 보면 무모해 보일 수 있으나 산업 내 1위거나 고도의 기술력을 보유한 기업이라면 나쁘지 않은 접근이다.

정리하자면 이런 기업은 매년 영업손실이 나기 때문에 이자를 갚을 영업이익도 창출하지 못한다. 그러나 당장 이익을 창출하지 못하더라도 결국 맛있는 과실을 안겨줄 것으로 기대를 한 몸에 받고 있기 때문에 투자금이 부족하면 언제든 시장에서 조달할 수 있다. 시기는 늦어질 수 있어도 언젠가는 올 것이라 믿는 이들이 많기 때문에 늘어나는 손실보다 지속적인 매출증가에 더 신경을 쓴다.

그러나 이미 성숙기에 접어든 산업에서 고군분투하는 업체는 다르다. 매출이 감소하면서 영업이익이 줄어들고 있다면 신중히 살펴봐야 한다. 회사는 경쟁에서 살아남기 위해 지속적으로 투자해야만 했는데 매년 수백억 원의 투자를 위해 금융기관으로부터 대출을 받는 것이 유일한 대안이었다. 왜냐하면 미래가 창창한 산업을 영위하고 있지 않아서 투자받기가 일단 어려웠고, 투자를 받는다 하더라도 지분의 대부분을 빼앗길 수밖에 없었기 때문이다.

이런 식의 투자는 그 효과가 오래가지 않을 뿐만 아니라, 또 다른 투자가 필요할 때 기업을 상당히 곤혹스럽게 만든다. 매출과 영업이익은 겨우 과거 수준을 유지하고 있었지만, 투자금 대부분을 차입금으로 조달했기 때문에 이자비용이 기하급수적으로 늘어날 수밖에 없다. 그런데 또 투자를 이어 가야 한다니 미칠 노릇이다.

영업이익이 10억 원인데 이자비용이 50억 원이다. 최근 3년간 투자금액이 800억 원인데 거의 대부분을 차입금으로 조달했고, 신용도 하락에 따라 이자율이 큰 폭으로 올랐다. 다행히 감가상각비를 고려한 #EBITDA(Earnings Before Interest, Taxes, Depreciation and Amortization의 약자, 일반적으로 영업손익에 감가상각비를 더한 금액을 의미함)는 50억 원이라 이자를 낼 돈은 영업으로 벌어들이고는 있지만 이대로는 추가 투자를 엄두도 못 낸다.

구조조정을 하지 않는다면 얼마 가지 않아 부도를 맞게 될 것이 뻔하다. 여기서 중요한 것은 #이자보상배율(영업이익/이자비용)이 알려주는 의미를 미리 알았다면 이런 나쁜 회사 재무제표에 투자하는 실수는 범하지 않는다는 것이다.

이 회사는 이자보상배율이 1에 미치지 못한다. 열심히 사업해서 벌어들인 이익으로 이자도 감당하지 못하고 있다는 의미다. 일시적인 현상이라면 개선 여지를 기대할 수 있었겠지만, 과거 매출과 영업이익 감소 추이를 고려해보면 이자보상배율이 1 이상으로 올라갈 가능성이 현저히 떨어진다는 것을 알 수 있다.

이자보상배율은 성숙기에 접어든 기업의 존속 가능성을 판단할 수 있는 아주 중요한 지표다. 이자 등 금융비용조차 벌지 못하는 기업은 원금 상환 가능성이 현저히 떨어진다. 이 시장 생리를 지극히 잘 아는 금융기관은 기다려주지 않는다. 만기 연장을 거부하고 구조조정을 종용하다가 결국 파산에 이르게 할 것이 뻔하다.

기업의 재무제표를 보면 미래가 어느 정도 보인다. 업력이 10년 이상 된 기업이 이자비용도 벌지 못한다면 미련 없이 등을 돌리자. 신사업을 찾으려 하겠지만 그게 어디 만만한 일인가? 신사업은 돈 많은 다른 기업들도 찾고 있다. 냉정하게 나쁜 회사 재무제표라 판단하자.

EBITDA에 주목하자

EBITDA는 실질적인 현금창출능력을 보여주는 지표다. 현금흐름표가 더 상세하고 많은 정보를 보여주나 우리가 원하는 것은 바로 확인할 수 있는 숫자다. EBITDA는 영업이익 등 회계상 이익이 간과하는 많은 부분을 보완해준다.

우리는 손익계산서를 볼 때 매출액, 영업이익, 당기순이익 위주로 볼 것이다. 그런데 나는 주로 영업이익에서 감가상각비를 더한 EBITDA(Earnings Before Interest, Taxes, Depreciation and Amortization의 약자, 일반적으로 영업손익에 감가상각비를 더한 금액을 의미함)라는 지표로 기업을 가늠한다.

혹자는 EBITDA를 분석할 시간에 현금흐름표를 분석하는 게 더 낫다고 말하기도 한다. 맞는 말이다.

그런데 누가 현금흐름표를 처음부터 자세하게 볼 것이냐 말

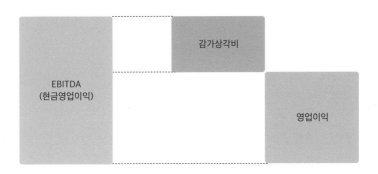

이다. 물론 상세하게 분류하고 표시한 현금흐름표는 많은 정보를 보여주나, 우리가 원하는 것은 바로 확인할 수 있는 숫자이다. 초기투자금액이 큰 회사의 경우에 거액의 감가상각비 등으로 인해 현금 순유입(이익)이 발생했더라도 초기에는 손익계산서상 영업손실로 표시할 가능성이 높다. EBITDA는 이러한 회계상 이익이 간과할 수 있는 많은 부분을 보완해준다.

EBITDA라는 것이 단순히 감가상각비만 따로 반영하지 않은 수치라 시설 투자 등 대규모 투자 및 재투자 같은 부분이 반영되지 않는다는 것이 단점이지만, 실제 회사가 벌어들이는 영업현금유입 수준을 파악하는 데 있어서는 탁월한 지표다.

EBITDA를 파악하는 것만으로 회사가 제대로 돌아가고 당분간은 현금흐름에 문제가 발생할지의 여부는 알 수 있다. 다만, 해당 대규모 투자가 정기적으로 이루어져야 한다면 회사에 대한 기업가치 고려시 EBITDA뿐만 아니라 향후 예상되는 투자액도 종합적으로 고려해야 한다.

영업현금흐름은 현금흐름표를 보면 상세하게 표시해 놓았지만, 쉬운 접근을 위해 일단 연도별 EBITDA 변동추이를 분석해보고 의문점이 생기면 현금흐름표를 찾아보는 것으로 하자.

더 쉽게 설명해본다면 우리가 직장을 다녀서 받는 월급은 일종의 EBITDA라고 볼 수 있다. 월급에는 직장을 다니기 위해 타고 다니는 자동차와 거주하기 위해 구매한 주택에 대한 감가상각비는 고려되지 않았다. 만약 페라리 등 고가의 자동차를 끌고 다니고 수영장이 달린 고가의 집에 산다고 한다면 우리의 손익계산서는 (-)일 것이다. 그런데, 이런 (-)수치가 실제로 직장에서 돈을 못 번다는 것은 의미하지 않는다.

우리가 주유소 사업을 한다고 치자. 주유소 사업은 한 번의 초기 투자로 다년간 사업 영위가 가능한 대표적인 업종으로 사업 전 무조건 건물 및 주유 설비 등에 많은 투자가 필요하다. 주유소는 초기 투자가 많은 대신 자리 잡으면 매년 안정적인 매출을 기대할 수 있다. 그런데 대부분 초기 몇 년간 계속 손실이다. 그 이유는 초기 대규모 투자액 중 기계설비 등이 몇 년(내용연수) 동안에 걸쳐 감가상각비로 비용화되기 때문이다.

매년 안정적인 매출과 현금흐름을 창출한다 해도 손익계산서상으로는 손실로 보고된다. 모든 것은 대규모 감가상각비 때문이다. 그렇게 많은 돈을 끌어 모은다고 소문이 자자한 주유소가 손실이라니 믿을 수 없겠지만 사실이다.

이런 손익계산서의 맹점을 보완하기 위해 EBITDA라는 지표를 사용할 수 있다. 특히 초기 투자 이후에 추가 대규모 투자가 당장 필요하지 않은 주유소 사업의 경우에는 EBITDA라는 지표가 효과적이다. 왜냐하면 EBITDA는 사업 영위를 통해 순수하게 남는 현금 이익을 보여주기 때문이다. 따라서 어떤 기업이 영위하는 사업의 가치를 알고 싶을 때는 EBITDA를 우선 확인해보도록 하자.

이자보상배율이 의미하는 것

한국은행에서 발표한 자료에 따르면 2020년 중 코로나19 영향에 따른 매출 부진 및 수익성 악화로 영업이익만으로 이자비용을 충당하지 못하는 국내 기업들이 크게 증가했다고 한다. 그 이유로 기업의 이자 지급능력을 평가하는 이자보상배율★(영업이익/총이자비용)이 1을 하회하는 기업의 비중은 2020년 말 39.7%로, 글로벌 금융위기가 발생했던 2008년 말 33.2%보다 높다는 것을 예로 들었다.

✓ 이자보상배율

영업이익을 이자비용으로 나눈 값으로 이자보상배율과 이자보상비율은 퍼센트로 표시하느냐, 배수로 표시하느냐가 다를 뿐 동일한 의미다.

사업을 하는 사람들은 자기가 원래 들고 있던 돈(시드머니)도 있지만 대부분 사업 자금이 부족해 은행이나 지인들로부터 돈을 빌리는 경우가 많다. 이렇게 빌린 돈을 차입금이라고 부르고 이자가 발생한다. 물론 일부 지인들은 무이자로 빌려줄 때도 있지만 대부분은 이자를 요구한다. 차입 규모와 이자율이 변동하지 않는다면 매년 같은 이자비용을 부담하기 때문에 예측이 가능하다. 그래서 사업을 하는 사람들은 예측 가능한 이자비용을 감안해 사업 계획을 수립한다.

그러나 사업에는 항상 변수가 생기고 예상했던 매출이 나오지 않아 고정비마저 감당하지 못하기에 이를 수 있다. 인건비와 재료비 등 기초적인 생산 및 판매활동에 소요되는 비용은 어느 정도 충당됐지만 이자비용을 낼 돈이 없다.

그러면 어떻게 해야 하나? 이자를 내기 위해 또 차입을 해야 한다. 차입금이 증가하면 이자비용이 증가한다. 안 그래도 낼 돈이 없는데 증가한 이자비용은 또 어떻게 감당하나? 악순환의 연속이다.

이런 상황을 예측할 수 있게 하는 것이 이자보상배율이다. 이자보상배율이 1이 넘는다는 것은 영업을 통해 벌어들인 이익으로 이자비용은 감당할 수 있다는 의미다. 그러나 이게 1보다 낮으면 결국 이자를 상환하지 못할 것이기 때문에 추가 차입이 이루어지고 결국 지불해야 할 이자비용은 늘어만 간다. 아울러 이자도 못 내는데 원금 상환은 어찌하겠는가?

최근 코로나19 확산 이후에 경기 활성화 목적으로 금리 인하, 원리금 상환 유예 등이 이루어졌다. 이런 정책은 하루 벌어 하루 살기에 급급한 기업에 있어서는 단비 같겠지만, 이런 기업의 재무비율이 차입금 증가로 인해 악화되는 것은 마찬가지다.

그렇기 때문에 이자보상배율이 1 이하인 기업은 악순환의 고리에서 빠져나오지 못해 장기적으로 쪼그라들 수밖에 없다. 이러한 상황에서는 결국 돌고 돌아 자기자본이 감소하고 재무구조는 점점 악화되어 자본조달 비용이 기하급수적으로 상승한다. 결국 사업을 포기하게 만든다.

이자보상배율은 일반적으로 3배를 기준(한국은행에서는 3년 연속 1 미만일 경우 한계기업으로 보기도 한다)으로 정상 비정상을 판단하곤 한다. 이자보상배율이 높을수록 기업의 장단기 지급 능력이 좋다는 것을 의미하고, 회사의 재무적인 안정성과 현재 영위하고 있는 사업에 대한 수익성이 있다는 것을 확인할 수 있다.

상식적으로 볼 때 부채를 많이 사용하는 기업일수록 이자보상배율이 낮아지고 부채를 적게 사용하는 기업일수록 이자보상배율은 높아질 수밖에 없다. 다만 부채를 많이 사용하는 기업이더라도 기업이 이자비용을 부담할 능력을 가지고 있으면 단기적으로 문제가 되지 않는다. 오히려 매년 안정적인 현금흐름이 보장되는 기업에서는 부담 가능선까지 이자비용을 최대한 부담하는 것이 좋을 수도 있다.

따라서 이자보상배율이 1 이하인 기업에 대해는 주의하되, 향후 이런 상황의 지속 여부를 판단해보고 추가로 감가상각비 등 비현금비용의 일시적인 인식 등에 따른 효과를 제거하기 위해 영업현금흐름과 이자비용을 1:1로 비교해보는 것을 추천한다.

부채를 많이 사용하는 기업일수록 이자보상배율이 낮아지고 부채를 적게 사용하는 기업일수록 이자보상배율은 높아질 수밖에 없다.

나는 회계사

죽 쒀서 개 주는 꼴
— EBITDA와 매년 투자금액이 거의 비슷하다?

단순히 생명 연장을 위해 투자하고 있다고 생각되면 어떻게 해야 할까? 발주처(갑)의 요구조건을 들어주면 일거리는 계속 받을 수 있다. 매출이 유지되니 현금이 돌아서 운영은 할 수 있지만, 조금씩 죽어가고 있다는 느낌이 든다. 발주처(갑)가 주는 물량이 마약이라는 것도 알겠는데 끊을 수 없다. 지금까지 운영해온 회사와 가족, 임직원이 눈에 밟힌다. 투자하면 현금으로 이익이 남는 것 같은데 발주처(갑)가 요구하는 투자를 집행하면 남는 것 없이 차입금만 늘어난다. 실제 많은 중소기업이 겪고 있는 현실이다.

EBITDA, 영업이익에다가 감가상각비를 더한 수치. 내가 가장 신뢰하는 지표다. 기업이 매년 얼마만큼 현금으로 돈을 벌어들이는가를 알 수 있다. 물론 현금흐름표의 영업활동현금흐름(OCF, Operating Cash Flow)를 보는 것이 가장 정확하나 여러 기업을 비교해서 보기에는 EBITDA만큼 좋은 자료도 없다.

EBITDA가 커지려면 기업은 어떻게 해야 할까? 일단 영업이익이 많이 나야 한다. 그런데 영업이익이란 게 당장 커질 수 없다. 새로 사업을 시작하는 기업은 최초에 투자를 많이 하는 것이 일반적이다. 공장도 새로 올리고, 기계와 설비도 새로 들여야 하니 돈 들어갈 곳이 천지다.

어느 기업이 고정비를 충분히 커버하는 손익분기점에 도달하기까지 상당한 기간이 소요됐다고 치자. 그런데 여기서 만약 고정비 대부분을 차지하는 것이 감가상각비라면 어떻게 해석할 수 있을까? 이 기업은 아마도 매년 상당한 수준의 현금을 벌어들이고 있었을 것이다. 앞으로 최소 10여 년간은 대규모 투자가 예정되어 있지 않다고 한다면 이 기업은 10년 동안 상당한 현금 이익을 기대할 수 있다.

투자자 관점에서는 손익계산서의 영업이익이 타 경쟁사 대비 낮아도 EBITDA 기준으로 타 경쟁사 실적을 훌쩍 뛰어넘는다면 이 회사가 더욱더 매력적으로 보인다. 이미 투자한 금액은 그저 손익계산서상에 감가상각비로 찍히기만 할 뿐이다.

당연히 다른 회사보다 기업가치도 높게 인정받는다. 그러나 여기서 잘 봐야 할 부분이 있다. EBITDA가 300~400억 원인 회사가

(단위 : 억원)

구분	1차 연도	2차 연도	3차 연도	4차 연도	누계
매출액	2,200	2,050	2,000	2,100	8,150
제품매출액	100	50	10	60	220
감가상각비	300	300	290	290	1,180
EBITDA	400	350	300	350	1,400
투자현금흐름	(500)	(500)	(300)	(500)	(1,800)
재무현금흐름	100	150	-	150	400
영업이익률	5.0%	2.4%	0.5%	2.9%	2.7%
EBITDA(%)	20.0%	17.1%	15.0%	16.7%	17.2%

있다고 치자. 이 회사의 매출액은 2,000억 원 정도, 영업이익은 50~
100억 원에 불과하지만, 매년 손익계산서상의 감가상각비가 매년
300억 원 정도 되기에 실제 벌어들이는 영업 현금은 300~400억 원
정도 된다. 상당히 준수한 영업현금흐름이다.

그런데 현금흐름표상의 #투자활동현금흐름을 살펴보니 작년도
그렇고, 올해도 그렇고 매년 기계장치 등으로 투자되는 금액이 500
억 원 수준이다. 회사에 물어보니 발주처의 주요 생산 아이템을 지
정받아 생산하려면 선제 투자가 반드시 필요하다고 했다.

회사의 매출을 지속적으로 발생시키기 위해선 무조건 관련 생
산라인을 먼저 깔아야 한다. 이런 생산라인은 영구히 쓸 수도 없다.
아이템이 기술 및 유행의 변화에 따라 바뀌면 생산라인 전부를 재

설계하고 재설치해야 한다.

발주처의 이야기로는 500억 원 투자를 하면 2,000억~3,000억 원의 누적 매출을 기대할 수 있는데 이마저도 계획일 뿐 사정에 따라 변동할 수 있다고 한다. 전용 설비 및 라인이라 다른 아이템으로 변경 사용도 불가한 상황이라 발주가 끊기면 다 뜯어서 고철로 팔아 버리는 것 외엔 할 수 있는 일이 없다. 믿고 따라가긴 해야 하는데 회사 입장에서는 너무 불안하다.

이런 경우라면 EBITDA가 500억 원인들 무슨 소용이겠는가. 매출을 유지하기 위해서는 매년 지속적인 투자가 필요하기 때문에 실제 주주한테 주어질 수 있는 잉여현금흐름*은 기대하기

✓ 잉여현금흐름

잉여현금흐름이란 필수적인 지출 제외한 현금흐름으로 기업의 계획에 따라 마음대로 사용할 수 있는 현금흐름을 말한다. 투자자(채권자, 주주 등)에 돌려주기 전 최종적으로 남은 현금흐름으로 사업을 통해 최종적으로 남은 현금이다.

EBITDA가 크지만 뭔가 불안한 현금흐름

■ 증가 ■ 감소 ■ 합계

	영업이익	감가상각비	투자현금흐름	재무현금흐름	영업이익	감가상각비	투자현금흐름	재무현금흐름	영업이익	감가상각비	투자현금흐름	재무현금흐름	영업이익	감가상각비	투자현금흐름	재무현금흐름
	100	300	(560)	100	50	300	(500)	150	10	290	(300)	—	60	290	(500)	150

가 어렵다.

그러므로 EBITDA가 크다고 해서 다 좋은 기업이 아니다. 이런 기업들은 시한폭탄을 안고 살고 있다고 봐도 무방하다. 만약 신규 아이템 수주를 위해 선제 투자를 집행했음에도 불구하고 발주 자체가 무산되어 버린다면 결국 선투자 금액은 전부 손실로 처리될 것이 분명하다. 다른 아이템 수주를 위해 억울해도 재투자해야 하는데 이미 선제투자 집행을 위해 보유하던 현금을 다 집행했기 때문에 이번에는 외부에서 이자를 주고 돈을 빌릴 수밖에 없다.

이러한 상황이 발생하면 차입금 비중이 높아지고 벌어들인 영업현금흐름으로 이자비용도 감당하지 못하는 수준에 이를 수 있다. 자금이 부족하면 차입으로 충당하고 하루 벌어 하루 사는 형태가 지속되다 보면 결국 어느 시점에는 유동성 부족으로 불쌍한 기업이 생을 마감한다.

이런 대표적인 사례는 주로 자동차 등의 부품사가 해당한다. 부품사 중에 기술력 우위가 있어 타 경쟁사 대비 1순위 수주가 가능한 업체라면 투자가 크더라도 크게 문제되지 않는다. 그러나 그저 기계설비만 가져다 놓고 인력 운용만 잘하면 어느 정도 매출이 보장되는 후순위 기술 부품 생산업체의 경우에는 다르다. 부품 수주를 받기 위해 적잖은 출혈 경쟁이 수반되기 때문에 생명 연장이 주목적인 경우가 많다.

그러므로 EBITDA라는 수치에 대해 어느 정도 신뢰를 가지되 맹

신하지는 말고 항상 투자 현금흐름을 같이 보도록 하자. 혹시나 투자 현금흐름 유출은 지속되는데 매출 증가가 정체되거나 지지부진 하다면 회사의 재무 상태를 다시 한번 살펴보자. 혹시나 생명 연장을 위한 투자가 아닌지.

투자활동현금흐름으로
알 수 있는 리스크

영업활동현금흐름이 기업이 영위하는 사업활동으로 인해 발생하는 현금유출입이라면 투자활동은 이런 영업활동을 위해 필요한 유무형자산을 취득하거나 처분하는 활동을 말한다.

회사는 여유자금이 있으면 단기간이든 장기간이든 수익을 창출하기 위해 주식이나 채권에 투자하기도 하고 부동산을 취득하기도 한다.

즉 영업활동 외에 기업이 돈을 벌기 위해 한 행위로 발생한 현금 유출입을 기재해 놓은 것이 투자활동현금흐름이다. 이런 투자활동(자산의 취득 및 처분)은 영업활동처럼 매일 수시로 발생하는 것이 아니고, 특정 시점에 경영진의 특정 의사결정으로 발생하기 때문에 발생 건수가 많지 않다. 그래서 우리가 가계부

쓰는 것처럼 자산 취득을 위해 지불한 현금과 처분 시 들어온 현금을 계산하는 것이 상대적으로 쉽다.

비영업자산이든 영업자산이든 취득할 때는 회사에서 돈이 빠져나가므로 현금유출-로 처리하고, 처분하면 들어온 돈만큼 현금유입+으로 처리하면 된다. 투자활동현금흐름은 현금유입+보다 현금유출-이 좋을까? 이건 '케바케(Case by Case)'다. 물론 투자를 통해 회사가 미래에 벌어들일 수 있는 현금흐름이 단순히 현금으로 들고 있을 때보다는 많을 것이라 기대하듯이 투자는 많을수록 좋다. 그러나 이런 투자현금흐름도 그 성격을 살펴야 한다.

투자활동현금흐름에서 공장 등 유형자산을 포함한 영업용 자산에 투자가 많다면 실제 회사가 사업을 위해 투자한 것이기에 긍정적이라 볼 수 있으나 장단기대여금이나 비상장 투자주식 취득 등으로 유출된 금액이 상당하다면 이건 그 성격을 알아봐야 할 것이다. 특히 특수관계자에게 유출된 자금은 대부분 나쁜 결과로 이어질 가능성이 크고, 회사의 자금 흐름이 투명하지 않을 수도 있다는 리스크가 있다고 봐야 한다.

예시 회사는 지속적으로 투자활동현금흐름 (-)유출이 발생했다. 언뜻 보면 영업이익이 많은 회사이기에 앞으로도 어마어마하게 성장할 회사라고 판단할 수 있다. 그런데 투자자금 대

(단위 : 억원)

구분	2021년	2022년	2023년	2024년
영업활동현금흐름	(91)	48	(156)	(244)
투자활동현금흐름	(106)	(82)	(145)	(69)
재무활동현금흐름	191	344	104	246
현금증감	(6)	310	(197)	(67)
기초현금	15	9	319	122
기말현금	9	319	122	55
영업손익	103	403	460	228

부분이 영업활동에서 벌어들인 자금이 아닌 외부에서 조달한 자금으로 이루어졌다는 점을 고려한다면, 자칫 비경상적인 사건이 발생할 경우 회사에 유동성 위기가 발생할 수 있다는 사실을 고려해야 할 것이다.

물론 처음부터 어떻게 이익을 내서 그 이익유보자금으로 투자하느냐고 반문할 수도 있겠지만, 추세를 보라는 것이다. 그렇게 1~2년 지켜본다면 이해할 수 있겠지만, 4년 연속 이런 식의 현금흐름이 발생한다면 투자활동현금흐름이 잠재 리스크로 작용할 수도 있다.

감사인도 불안해
― 계속기업 존속 불확실성에
내포된 의미

재무제표라고 다 같은 재무제표가 아니다. 모양만 갖추었다고 신뢰성 있는 자료라고 볼 수 없듯이 재무제표도 급이 나뉘어 있다. 물론 상장회사의 경우 기본적인 '급'을 채우지 못하면 그냥 상장폐지가 되어 버린다. 여기서 말하는 '급'은 #감사의견 종류로 갈리게 된다.

일정 규모 이상의 기업은 의무적으로 재무제표를 공시해야 한다. 그것도 아무렇게나 공시하는 것이 아닌 일정한 룰에 따라 맞춰 제대로 된 숫자로 공시해야 한다. 이러한 의무를 다하지 못할 경우에 기업은 각종 제재를 받는다.

감사보고서는 흔히들 들어봤고, 한 번쯤은 살펴보기도 했을 것이다. 특히 주식투자를 한다면 반드시 감사보고서는 한 번쯤 열어

봤을 것이다. 감사보고서도 열어보지 않고 주식투자를 한다면, 그냥 눈 감고 돌 던져 맞추는 놀이를 하는 것과 마찬가지다. 한두 번은 재수가 좋아 맞출 수도 있다. 그러나 눈 감은 상태라 당연히 그 확률은 현저하게 떨어지게 마련이다. 들고 있는 돌은 한정적인데도 눈 감고 맞출 수 있을 것이라 믿고 달리는 것이다.

제3자의 관점에서 볼 때 정말 어리석어 보인다. 그러나 당사자는 그렇지 않다. 자신은 주변에서 들리는 소리만으로 거리를 맞출 수 있기 때문에 충분히 맞출 수 있다고 자신한다. 인생은 묘기를 부리는 것으로 바꾸지 못한다. 어찌 보면 당연한데 많은 사람이 이를 간과하는 것 같아 안타까울 뿐이다.

왜 이렇게 서두를 길게 적었느냐 하면, 재무제표를 볼 때 이 회사가 망할 수도 있다는 느낌이 적혀 있는 감사보고서를 찾을 수 있다는 것을 알려주기 위해서다. 우리가 직접 재무제표 분석을 통해 기업의 향후 생존에 불확실성이 있다는 판단을 내릴 수도 있지만, 다른 업무로 바쁜 삶을 살아가는 우리가 디테일한 분석에 매달렸다가는 본 직장에서 쫓겨날 수도 있다.

그래서 혹시나 투자하려고 마음먹은 회사의 감사보고서를 살펴보는 것만으로 이 회사의 장래가 불투명할 수 있다는 것을 알 수만 있다면 얼마나 좋을까? 감사보고서 맨 앞장에 보면 외부감사와 관련한 감사인의 의견이 정말 길게 기재되어 있다. 여기서 우선 살펴볼 것은 적정이냐 한정, 부적정, 의견거절이 아니다.

맨 뒤에 있는 문단을 확인해보자. 적정의견이라 상장폐지에는 영향이 없는데 뭔가 특이한 내용이 주저리주저리 기재되어 있을 수 있다. 내용을 읽어보면 뭔가 불길하다. 감사인이 이 정도 내용을 기재했다고 한다면 투자에 충분히 주의를 기울였어야 하는 게 맞다.

이렇듯 외부감사인이 회사에 대해 일부러 이러쿵저러쿵 이야기를 보태며 존속이 어려울 수도 있다고 적어 놓았다는 것은 한마디로 불안하다는 의미다. 적정의견이라는 항목은 회사가 제시한 재무제표가 어느 정도 기업회계 기준에 맞게 표시한 것일 뿐, 회사가 망하지 않는다는 확신을 의미하지 않는다. 그렇기 때문에 감사인은 괜히 적정의견을 주고 나서 회사가 망할 경우에 괜한 오해를 사는 것을 두려워할 수 있다. 따라서 이런 주의문구를 기재하는 것은 어찌 보

독립된 감사인의 감사보고서

A 주식회사
주주 및 이사회 귀중   2022년 3월 22일

감사의견

우리는 별첨된 A 주식회사(이하 "회사")의 재무제표를 감사하였습니다. 해당 재무제표는 2021년 12월 31일과 2020년 12월 31일 현재의 재무상태표, 동일로 종료되는 양 보고기간의 포괄손익계산서, 자본변동표, 현금흐름표 그리고 유의적인 회계정책의 요약을 포함한 재무제표의 주석으로 구성되어 있습니다.

우리의 의견으로는 별첨된 회사의 재무제표는 회사의 2021년 12월 31일 및 2020년 12월 31일 현재의 재무상태와 동일로 종료되는 양 보고기간의 재무성과 및 현금흐름을 ==한국채택국제회계기준에 따라, 중요성의 관점에서 공정하게 표시하고 있습니다.== 적정의견

우리는 또한 대한민국의 회계감사기준에 따라, 『내부회계관리제도 설계 및 운영 개념체계』에 근거한 회사의 2021년 12월 31일 현재의 내부회계관리제도를 감사하였으며, 2022년 3월 22일자 감사보고서에서 적정의견을 표명하였습니다.

감사의견근거

우리는 대한민국의 회계감사기준에 따라 감사를 수행하였습니다. 이 기준에 따른 우리의 책임은 이 감사보고서의 재무제표감사에 대한 감사인의 책임 단락에 기술되어 있습니다. 우리는 재무제표감사와 관련된 대한민국의 윤리적 책임들을 이행하였습니다. 우리가 입수한 감사증거가 감사의견을 위한 근거로서 충분하고 적합하다고 우리는 믿습니다.

==계속기업 관련 중요한 불확실성== ~ 경우 계속 존속이 어려워질 수도 있다는 주의환기 문단.

재무제표에 대한 주석 37에 주의를 기울여야 할 필요가 있습니다. 재무제표에 대한 주석 37은 회사가 영위하는 항공운송업은 환율, 유가 등의 대외적 변수에 따라 수익성이 민감하게 변화하고 저가 항공사의 노선 확장으로 인하여 경쟁이 심화되고 있으며, 2020년 초 COVID-19의 확산 우려로 인하여 대한민국을 포함한 전 세계는 어려운 경제상황 및 사태 장기화에 대한 불확실성에 직면하고 있다는 사실을 기재하고 있습니다.

특히, 해외 COVID-19 상황으로 인해 회사의 대부분의 중 단거리 국제선 노선을 감축하여 운항하여 2021년 12월 현재 계획대비 13% 내외의 운항률을 보이고 있으며, 종속기업인 B 및 C는 2021년 12월 현재 대부분 국제선 노선의 운항을 중지하였습니다.

이러한 영업 악화로 인해 2021년 12월 31일 현재 회사의 유동자산을 2조 9,404억 원만큼 초과하고 있으며, 회사는 한국산업은행의 주채무계열 소속기업체 평가에서 심층관리대상기업으로 선정되었습니다.

면 당연한 것일 수 있다.

투자자 입장에서는 감사인이 기재한 이런 #강조(특기) 사항을 무시해서는 안 될 것이다. 일단 이런 문구가 기재되어 있는데도 투자를 한다는 것은 '하이 리스크, 하이 리턴'에 동의하는 것으로 봐도 무방하다.

투자의 모든 책임은 본인에 달려 있으니 이런 문구가 기재되어 있음에도 투자를 한다면, 뭔가 회사의 다른 미래를 파악했을 수도 있으니 추가적으로 이의를 제기하지는 않겠다. 2022년 3월 22일 공시한 A주식회사 2021년 감사보고서 의견 문단을 살펴보면 강조사항으로 여러 내용이 적혀 있다.

이런 문구는 쉽게 기재되는 것이 아니다. 세상에는 정말 투자하기 좋은 회사가 널리고 널렸다. 이런 문구가 기재되어 있다는 것으로 이 회사는 다른 정상적인 회사와 다르다는 것을 알아챈다면 그것만으로 투자 리스크를 상당 부분 낮출 수 있다고 확신한다.

감사의견의 종류와 강도

감사의견에 대해 조금 더 상세히 설명해보려 한다. 일단 회계사들은 외부감사를 나가면 회사로부터 재무제표를 제출받는다. 제출받은 재무제표는 전기와 비교해 특이사항이 없는지 등을 확인한 뒤 재무제표에 표시된 정보에 대한 증빙 등을 요구하거나 관련 근거를 요청한다.

이때 회계사가 요청한 자료를 회사가 제시하지 못하거나 제시하더라도 제대로 된 자료가 아닐 경우에는 그때부터 문제가 된다(일단 외부감사를 수행하기 위한 수많은 기법은 차치하자).

즉 적정의견이 나가지 못할 위험이 커지는 것이다. 중요성에 따라 관련 사안이 매우 중요할 경우에는 의견거절(의견 자체를 낼 수 없을 만큼 우리가 본 것이 없다)이 될 것이고, 중요하나 일부에 한정될 경우엔 한정의견(일부에 한정되어 문제가 있고 확인할 수 없어 의견 자체가 제한적이다)이 나간다.

구분	적정의견	한정의견	부적정의견	의견거절
감사범위 제한				
경미	해당			
중요		해당		
매우 중요				해당
회계처리기준 위배				
경미	해당			
중요		해당		
매우중요			해당	

감사의견의 중요도에 따른 분류

쉽게 말해, 시험지 자체를 내지 않았는데, 여러 과목 중에 한 과목만 안 냈을 경우 한정의견, 아예 시험지를 안 내거나 거의 대부분 내지 않은 경우 의견거절이라고 이해하면 된다.

실제로 나는 말도 안 되는 상황을 겪은 적이 있다. 재고실사 때 확인할 수 없었던 재고자산을 기말 감사 때 특정 재고자산이 존재하는 것으로 표시해서 재무제표를 제출했던 회사가 있었던 것이다. 황당해서 담당자에게 물어보니 당시에 땅에 파묻혀 있어서 보지 못했을 수 있다는 소설 같으면서도 당황스러운 답변을 들어야 했다.

기억이 희미해서 실제 땅속에 파묻혀 있었는지는 모르겠으나 당시 나는 특정 재고자산이 실제 있는지 확인하기 위해 담당자와 함께 확인하러 갔다. 이런 사례는 사안이 중요하고, 제

시된 정보(재고자산 존재여부)에 대해 객관적인 확인을 하지 못한 것이므로 한정 또는 의견거절이 나갈 위험이 크다.

한편 감사인은 회사가 제시한 재고자산수불부를 최대한 자세히 잘 살펴봐야 한다. 재고금액은 수량 곱하기 단가인데 우리가 재고자산 실사에 입회할 때 수량의 정확성에 집중하기 때문에 단가에 대한 검토가 부족할 수 있다.

경험한 바로는 회사가 재고자산수불부상의 단가를 교묘히 조작해서 재고를 부풀려 놓은 경우도 있었다. 10여 년 전에는 주로 엑셀로 자료가 관리되었기 때문에 조작이 가능했고, 이런 부분을 확인하기 위해서는 여러 가지 형태로 분석과 확인이

나쁜 회사 재무제표

필요했다. 외부감사 나갔을 때 받은 재무제표를 기반으로 여러 증빙을 대사하고, 확인 및 검증, 적용되는 회계원칙에 따른 감사 등을 거친 결과로 감사의견의 종류가 결정된다.

회사가 제시한 재무제표 숫자와 감사인이 맞다고 확신한 숫자가 다를 경우에도 적정의견이 나가지 못할 위험이 있다. 해당 다름의 차이가 매우 중요할 경우 부적정(재무제표 자체가 부적정), 차이가 발생하나 매우 중요하지는 않을 경우에는 한정의견이 나간다.

쉽게 말해 회사가 1년 동안 열심히 노력한 내용을 표와 논술로 시험을 치러서 제출했는데 채점 결과 많이 다를 경우 '부적정', 어느 정도만 틀릴 경우에는 '한정'이라고 보면 된다. 그런데 틀리긴 틀렸는데 95점 정도 받으면 합격으로 '적정의견'을 낼 수 있다고 이해하면 된다.

강조(특기)사항은 반드시 봐야할 문구

재무제표는 회사가 계속 영업하면서 존속한다는 것을 가정해서 작성하기 때문에 계속기업에 중대한 불확실성이 있다는 것은 앞으로 망할 위험이 있으니 주의하라는 뜻으로 이해하면 된다.

실제로 E항공 감사보고서를 살펴보면 계속기업 관련 중요한 불확실성에 대한 문구를 확인할 수 있다. 당기순손실이 얼마가 발생했고, 향후 회사가 망할 수도 있다는 이야기를 아주 자세히 적어 놓았다. 혹시 몰라 우리(감사인)의 의견(적정)이 회사가 망할 것이라는 부분에 영향을 받지 않는다는 내용까지 적어 놓았다. 감사인이 적정의견을 냈는데 망하면 하도 불평을 터뜨리는 주주가 많아 이런 내용까지 기재하는 것이다.

E항공의 2019년 감사보고서에는 계속기업 관련 중요한 불확실성이 존재한다는 강조(특기)사항을 확인할 수 있다. 2021년

계속기업 관련 중요한 불확실성

재무제표에 대한 주석 23에 주의를 기울여야 할 필요가 있습니다. 재무제표에 대한 주석 23은 2019년 12월 31일로 종료되는 보고기간에 당기순손실 90,866백만원이 발생하였고, 재무제표일 현재로 기업의 유동부채가 총자산보다 26,750백만원 만큼 더 많음을 나타내고 있습니다. 주석 23에서 기술된 바와 같이 이러한 사건이나 상황은 주석 23에서 설명되고있는 다른 사항과 더불어 계속기업으로의 존속능력에 유의적 의문을 제기할 만한 중요한 불확실성이 존재함을 나타냅니다. 우리의 의견은 이사장으로부터 영향을 받지 아니합니다.

현재 E항공은 회생절차개시신청을 해 2021년 2월 4일 개시 결정 받은 이후 다행히도 회생M&A를 통해 새 주인을 찾아 2022년 3월 22일 회생절차를 종결한 상태이긴 하지만 이런 계속기업 관련 강조(특기)사항이 기재되어 있다는 것이 얼마나 커다란 위험을 암시하는지 알 수 있을 것이다.

이렇게 E항공은 계속기업 불확실성 관련 강조사항이 기재된 이후 결국 회생에 들어왔다. 투자자들 중 감사보고서에서 계속기업 강조사항을 확인했더라면 무서워서라도 투자를 했을까? 투자를 고려하는 회사에 대한 최근 감사보고서는 반드시 확인하자. 계속기업과 관련한 강조사항이 있다면 의사결정 전에 다시 확인해보자. 우리 재산은 스스로 지켜야 한다. 조금만 부지런하면 된다.

물론 A항공도 2018년 감사보고서에 E항공과 같은 계속기업 불확실성이라는 강조사항이 반영되어 있었으나 실제 망하지는 않았다. 그런데 솔직히 D항공에 매각이 안 됐다면 A항공이 제대로 존속할 수 있을지는 의문이 든다.

　하긴 D항공도 매년 어렵게 존속해 오는 회사인데 A항공까지 떠넘겨 받으면 어떨지는 두고 봐야겠지만, 주요 경쟁사가 없어지니 사업 환경은 분명 한결 나아질 것이다. 대신 우리는 비싼 값에 비행기 티켓을 구해야 할 테지만.

망할 것 같아
― 제2금융권이 보이거나 평균 차입이자율이 특히 높다면

감사보고서상에 제2금융권 대출 또는 지급보증 사실이 확인되거나 평균대출금리가 지나치게 높아 보이면 이 회사는 자금조달 여력이 현저히 낮다고 판단해야 한다.

재무제표를 살펴볼 때 재무상태표, 손익계산서만 보지 말고, 주석을 항상 살펴볼 것을 권장한다. 너무 방대한 자료에 주눅들 수도 있겠으나 우리에게는 Ctrl+F가 있다(Dart 보고서에는 친절하게 검색할 수 있는 도구를 제공한다). 검색해서 필요한 정보만 살필 수 있다. 그러니 어렵다고 시도마저 하지 말 것이 아니라 한번 들여다보자. 많은 정보가 상세하게 잘 설명되어 있다.

이 회사가 의심스럽거나 뭔가 이상하다고 생각되면 Ctrl+F를 한 뒤 저축은행이란 단어를 한번 쳐보자. 그러고 나서 혹시나 찾아지는 저축은행이 있다면 이 회사는 자금이 어렵게 운용되고 있다고 생각하면 된다. 차입금 내역에 있거나 지급보증 내역에 있을 수도 있다.

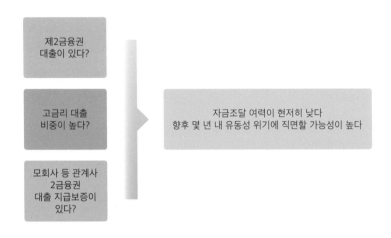

신용도가 낮은 법인이나 개인은 시중 은행 등 제1금융권으로부터 대출을 받기가 어렵다. 그러나 돈이 필요한 것은 그대로이기 때문에 제2금융권의 자금을 쓰기도 한다. 제2금융권의 자금을 쓰는 게 나쁘다는 것이 아니다. 상식적인 선에서 판단해보자는 것이다.

기업은 정말 잔인하게 이해타산적이다. 절대 손해를 보려고 하지 않는다. 물론 어마어마한 기부금을 내는 기업도 많으나 기업들 대부분은 이자 한 푼도 아까워서 갈아타기를 주저하지 않는다. 주주를 위해선 당연히 그렇게 하는 게 맞다.

그런데 제2금융권으로부터 자금을 조달했다면? 뭣하러 금리가

나쁜 회사 재무제표

시중은행 대비 2배 이상인 곳에서 자금을 빌렸을까? 뭔가 급했기 때문이다. 겉으로는 어디에 투자하기 위해 자금을 조달했다고 하겠지만 실상은 운영자금 부족일 가능성이 있다.

비상장회사는 제1금융권으로부터 자금조달이 어려울 경우, 울며 겨자 먹기로 어쩔 수 없이 제2금융권 자금을 활용할 수밖에 없으나 요즘 상장회사들은 전환사채 등 #메자닌(Mezzanine)으로 눈을 돌려 자금을 조달하는 케이스가 많다.

일부러 제2금융권을 노리기보다는 상장이라는 제도를 잘 활용해서 '누이 좋고 매부 좋고'가 가능한 전환사채 발행을 선호한다. 지금은 많이 바뀌었지만, 얼마 전까지 저금리시대에 갈 곳을 찾지 못한 자금이 전환사채로 몰려 주식 전환을 통한 시세차익으로 이익을 보는 경우가 많았다. 실제 상장사들은 제2금융권과 연관된 이름을 주석에서 바로 찾아보기는 어렵다. 제2금융권을 뜻하는 이름이 들어가는 순간 주가에 악영향을 미치기 때문이다.

한편, 제2금융권으로부터 돈을 빌리려면 담보 제공이 거의 필수다. 안 그래도 신용도가 낮기 때문에 담보마저 없다면 이자율이 크게 높아지거나 조건이 나빠지기 때문이다.

결론은 제2금융권과 연관된 이름이 보이면 일단 이 회사는 조심하자는 것이다. 안정성이 높은 기업은 자선사업가가 아닌 이상 제2금융권에서 자금을 빌릴 이유가 전혀 없다. 자금조달에 한계에 도달

해간다는 신호라고 해석할 수 있다. 매번 이야기하지만 100% 어떻게 된다는 확신은 없다. 이런 기업들도 잘될 수 있다. 그러나 확률적으로 볼 때 이런 회사는 어려움에 처할 가능성이 상당히 크다는 것을 알고는 있어야 한다.

5분이면 된다. 사업보고서 또는 감사보고서를 열어보고 저축은행 등 제2금융권과 연관되는 단어를 찾아보기만이라도 해보자.

메자닌과 복짜(볶음밥과 짜장면)

    메자닌은 투자자와 발행자 모두 니즈를 충족시킨다. 일반적으로 금리가 낮긴 하나 투자자들이 원하는 목적(IPO 등)을 달성하지 못했을 때에는 투자자 요구수익률로 고정되기 때문에 어떤 경우에는 차입금보다 고리를 부담할 수 있다. 또한 주가에 따라 경영진의 보유 지분율이 크게 희석될 수 있기 때문에 경영권 방어 측면에서도 면밀한 분석이 필요하다.

메자닌(Mezzanine)은 건물 층과 층 사이에 있는 별도 공간을 의미하는 이탈리아어로 일반적으로 채권과 주식의 중간 위험 단계에 있는 전환사채(CB)와 신주인수권부사채(BW) 등을 일컫는다.

즉 부채와 자본 요소가 혼합된 상품으로 이자를 받을 수도 있으면서 주가 상승에 따른 차익을 볼 수도 있는 자금조달 수단이다.

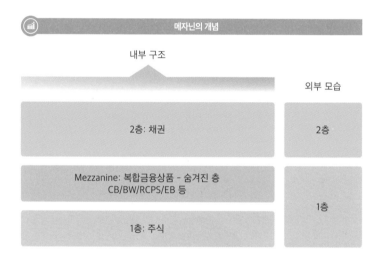

대표적인 메자닌으로는 전환사채(CB, Convertible Bond)가 있는데 일반 사채에 전환권이 붙어 있는 것으로 낮은 비용으로 장기자금을 조달할 때 좋다. 여러 가지 성격(만기 보유 시 사채 원리금 보장, 주식 전환)이 섞여 있어 저위험으로 고이익을 추구하는 투자

나쁜 회사 재무제표

자에게 매력적으로 보이는 상품이다.

전환사채 발행 시에는 부채이므로 일반 사채나 차입금과 다를 바 없으나, 일단 이자율이 싸고 주식으로 전환할 경우 부채가 자본이 되기 때문에 재무구조개선 효과도 탁월하다. 뭐 유상증자와 다를 바 없으나 기업 입장에서는 유상증자로 바로 희석화시키기보다 전환기간 전까지는 조기 상환도 가능하다는 점을 이용할 수도 있다.

신주인수권부사채(BW, Bond with Warrants)는 전환사채와 유사하긴 한데, 신주를 인수할 수 있는 권리를 따로 받는 방식이다. 사채는 만기까지 그냥 보유해서 원리금을 가져가되, 주가 변동을 보고 일정한 금액으로 신주를 인수할 수 있다. 원리금 효과를 누리면서 주가 상승에 따른 차익을 얻을 수 있는 기회가 있다는 점에서 전환사채와 유사하다. 분리형인지 비분리형인지에 따라 신주인수권만 따로 매매할 수 있다.

교환사채(EB, Exchangeable Bond)는 회사나 다른 회사의 주식으로 교환할 수 있어서 교환 시 발행금액에 따라 주가 상승 등의 효과를 기대할 수 있고, 간접적으로 회사 보유 주식을 매각할 수 있어서 드러나지 않게 조용히 매각할 수 있다는 장점도 있다. 투자자 입장에서도 만약 다른 회사 주식을 교환할 수 있는 사채를 인수할 경우 사채발행사뿐 아니라 다른 회사 신용도 확보할 수 있어서 리스크 헤지 측면에서 유리하다. 이 또한 주식으로 바꿀 수 있기 때문에 주가 상승 시 자본이득이 가능하다.

상환전환우선주(RCPS, Redeemable Convertible Preference Shares)는 채권처럼 상환청구 후 현금으로 받을 수도 있고, 주식으로 전환해서 자본이득도 취할 수 있는 주식인데 사채와 유사하다. 투자자 입장에서는 배당과 이자수익 모두 얻을 수 있다. 상환권 행사로 원금 보장이 가능하나 원래 목적이 상환청구를 통한 회수가 아니기에 상환청구 시에는 원금 회수가 불가능할 경우가 있다. 주로 벤처 투자자가 일반 비상장기업에 투자할 때 선호하는 형태로 투자자 입장에서 최저 리스크로 고수익을 원할 때 선택되는 형태다.

이런 메자닌은 대부분 기업의 자금조달이 여의치 않을 때 (재무구조가 좋지 않거나 상장 예정기업) 활용된다. 메자닌 활용을 통해 자금조달 시에는 차입할 때보다 금리가 낮기 때문에 손익 개선 효과가 있긴 하나 투자자들이 원하는 목적(IPO 등)을 달성하지 못했을 때 특정 이익률을 정해서 상환하도록 하는 경우가 많기 때문에 어떨 때는 일반 차입금보다 고리를 부담하는 경우도 있다. 또한 주가에 따라 경영진이 보유하고 있는 지분율을 크게 희석시킬 수 있기 때문에 경영권 방어 측면에서도 제대로 분석 후에 발행 여부를 결정하는 것이 필요하다.

4장

너무 의심스러워
― 나쁜 회사 재무제표

열지마!

열어!

투자자

투자가 아니라 비용이야
─ 대규모 유형자산 투자와 원가율 하락의 상관관계

이익을 부풀리는 데 급급해 보이는 회사는 피하자. 당기 유형자산 투자 금액이 유난히 커 보이면서 원가율 하락 또는 이익률 상승이 확인된다면 비용을 자산으로 둔갑시켰을 가능성에 유의해야 한다.

한 회사의 사례를 들어보겠다. 실제 있었던 일이다. 이 회사는 전기차 관련 핵심 부품을 만들며 최근 외부 투자유치를 추진하고 있다. 대규모 투자유치를 위해선 당기 이익률이 매우 중요하다. 왜냐하면 이익률이 좋아야 투자받을 때 인정받는 가치도 커지고, 대규모 투자유치를 위해 양보해야 할 지분율을 최소화할 수 있기 때문이다.

예를 들어 기업가치(투자받기 전 기업가치 가정, Pre-value)를 1,000억 원으로 인정받을 경우와 3,000억 원으로 인정받을 경우, 300억 원의 자금을 투자받기 위해 지불해야 할 지분율은 어떻게 변할까? 전자는 30%의 지분율을 부여해야 하는 데 비해 후자는 10%만 주면 된다. 지배주주 입장에서는 앞으로 정말 커질 회사인데 초기 투자금을 마련하기 위해 피 같은 내 지분을 희석시키는 일만큼은 최소화하기를 당연히 원할 것이다.

그렇기 때문에 이런 회사들의 재무제표는 더욱 신중히 봐야 한다. 앞서 설명했던 재고자산 및 매출채권 조작은 너무 진부하다. 따라서 투자를 위해 의사결정을 내리고자 하는 잠재투자자들은 재무실사를 진행하면서 신중히 살펴봤으리라.

그러나 나쁜 회사들은 예상 밖의 방법으로 이익률을 조작하곤 해서 긴장을 늦출 수 없다. 그 대표적인 것이 비용을 유형자산 투자로 둔갑시키는 방법이다. 1~2년 사이에 규모가 급격히 커지는 회사의 경우 더 시장을 확대하기 위해 대규모 투자를 계획하고 실제 투자를 집행한다. 그렇기 때문에 투자금의 증가에 대해 당연한 수순이라고 생각하지, 왜곡 가능성을 심각하게 살펴보지 않았을 수 있다.

참으로 교묘하다. 추이 등을 살필 때 최근 몇 년간 왜 이렇게 유형자산 투자가 급증했는지에 대한 당연히 의문을 품었겠지만, 시장 확대를 위한 대규모 투자 집행이라고 진득하게 설명하는 회사의 주장을 외면하기는 힘들었을 것이다. 혹시 몰라 투자 관련 서류 등을 요청하고 확인했으나 모든 서류는 회사 담당자에 의해 계약서, 품의서, 세금계산서 등 모두가 위조됐고, 회계 시스템까지 조작했기에 겉보기에는 아무런 문제가 없었다. 솔직히 더 의심이 들었다면 실물을 직접 보자고 했겠지만, 회사는 이미 이 부분도 예상하고 적당히 대처해두었으리라.

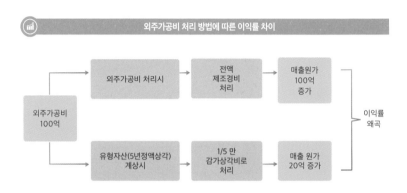

결국 이런 식으로 회사는 제품 생산을 위한 대규모 외주가공비 지출 전액을 유형자산(기계장치 또는 시설 장치 등)으로 회계 처리하고 당기 비용으로 처리하지 않았다. 당기에 100% 비용으로 계상 해야 했지면, 1/5만 비용으로 반영할 수 있었던 것이다. 대상 금액을 100억 원이라고 가정한다면 4/5인 80억 원이 당기 비용으로 처리되지 못했을 것이다.

매출액을 1,000억 원이라고 가정한다면 100억 영업이익으로 원래 영업이익률이 10%였어야 했으나 해당 회계처리를 통해 영업이익 180억 원으로 영업이익률이 18%로 올릴 수 있었다. 기존 대비 무려

80%의 차이를 나타낼 수 있었던 것이다. 영업이익률 8% 차이는 엄청난 차이다. 투자자로 하여금 왜곡된 평가를 하게 만들 이유 중 하나였을 것이다. (그러나 전문 투자자들이 이 정도로 순진하지 않다. 아마 실사를 통해 충분히 확인했을 것이다. 그래서 투자하기 전에는 무조건 #회계법인 등 전문기관을 통한 실사를 해야 한다. 실사비용 한두 푼 아낀다고 수백억 원을 날릴 수 있다)

이런 부분도 사전에 과거 평균 대비 원가율 변동에 대한 충분한 검토가 이루어졌다면 왜곡된 평가를 최소화할 수 있었을 것이다. 갑자기 기계장치 장부가액이 아무 이유 없이 커졌는데 제조원가율이 큰 폭으로 감소했다거나 연말에 집중해 기계장치나 시설 등의 취득이 이루어졌다고 한다면 충분히 의심해볼 수 있다.

특히 코스닥 상장사 중에 당기에 이익을 내지 못한다면 당장 상장폐지 위험에 처할 기업 중에 이런 사례(3분기 유형자산 큰 폭 증가, 원가율 감소)가 있다면 특히나 투자에 유의해야 하지 않을까 생각한다. 소액주주들은 결국 재무제표만을 보고 판단할 수밖에 없다. 기업은 갑자기 변하지 않는다. 항상 흔적을 남기고 이유를 보여준다. 재무제표를 보고 그 이유에 대해 의심이 들기 시작한다면 일단 투자는 보류하는 것이 나을 수 있다.

기업실사(DD, Due Diligence)와
가격산정

기업 실사는 크게 3가지(Commercial DD, Financial DD[Tax 포함], Legal DD)로 나뉘며 회사 규모나 복잡성에 따라서 1개월 이상의 상당 기간이 소요될 수 있다.

일반적으로 거래를 하기 전에는 반드시 실제 거래할 대상(기업이든 물건이든)을 보고 결정한다. 인터넷으로 살 때도 구입할 물건에 대한 이미지와 동영상 등의 설명자료나 사용 후기를 통해 간접적으로나마 확인을 하고 산다.

기업을 사거나 팔 때도 마찬가지다. 인수자 입장에서는 인수대상 기업의 손익분석을 최대한 정확히 해서 이익의 질(Quality)* 을 제대로 반영해 인수가격을 책정하고자 한다. 이를 위해서 실사가 필요하다. 실사를 통해 과거 이익 등에 묻어 있는 비경상적 손익과 일회성 손익을 중점적으로 파악해야 회사가 실제로 벌어들이는 이익 수준을 가늠할 수 있는 것이다.

☑ 이익의 질

이익의 질이란 간단히 말해 손익계산서에 나타나는 이익이 실제 벌어들이는 현금이익으로 얼마나 이어지는지를 의미한다.

기업에 대한 실사를 통해 드러나지 않았던 소송사건 등도 확인할 수 있다. 자산의 매각으로 이익을 냈다든지, 경영진에 대한 특별상여금이나 기타 일회성 비용 등을 파악해 향후 인수 이후에는 제거할 수 있는 비용도 파악할 수 있다.

기업가치는 미래에 벌어들일 수 있는 현금흐름을 바탕으로 이루어지므로 비현금 거래인데도 비용으로 계상한 부분을 파악해서 실제 기업의 가치를 도출할 수 있다. 혹시나 모를 회계분식이나 향후 세무조사 등을 통해 토해낼 세금 등도 파악할 수 있다.

비지니스 실사 등을 통해 실제 회사가 제시한 사업 계획의 달성 가능성을 가늠해보고 조정된 추정재무제표를 작성해서 인수자 입장의 미래 수익성 등을 확인할 수 있다. 이 인수자 입장의 재무제표를 통해 매도자와의 거래가격 협상에 임할 것이며, 깎거나 양보할 수 있는 가격 수준을 사전에 책정할 수 있을 것이다. 실사 시점 대비 거래 완료 시점이 늘어져 상당 기간이 소요될 경우라면, 실사를 다시 하기보다는 실제 변동된 주요 내역만을 확인해서 조정하는 방법으로 거래가격을 조정할 수 있을 것이다.

FDD(Financial DD)는 회계장부나 과거 재무정보에 대한 실재성, 완전성 등을 파악하기 위한 실사이고 LDD(Legal DD)는 말 그대로 법률적인 이슈에 대한 사전 파악이라고 보면 된다. 생소한 것은 CDD(Commercial DD)인데 이는 적정 수준의 거래가격을 파악하기 위한 전반적인 사업 관련 실사이며, 대상 기업과 연관되는 산업, 시장 내 피어 그룹, 거래처, 산업 내 이슈나 전망 등에 대한 실사를 의미한다. 그냥 M&A 관련 시너지 효과를 파악하거나 인수가격 산정을 위한 사전 기본 작업이라고 보면 된다.

기업 실사는 크게 3가지 Commercial DD, Financial DD[Tax 포함], Legal DD로 나뉜다.

돈을 벌긴 버는 거야?
— 몇 년째 영업활동현금흐름이 (-)인 경우

매출액이 정체되어 있음에도 영업이익은 나고 있다. 그런데 영업현금흐름은 계속 (-)다. 매출채권이 제대로 회수가 되고 있다면 영업현금흐름이 계속해서 (-)일 이유가 거의 없다. 제대로 된 매출이 아닐 가능성이 크다.

#영업활동현금흐름이 3년 연속으로 (-)가 되려면 회사가 어떻게 해야 할까? 3년 연속 영업손실에 당기순손실인 기업의 경우 3년 연속 (-)영업현금흐름일 가능성이 있다. 그중 일부는 매출이 급격하게 감소해 관련 재고자산 및 매출채권 등 운전자본 감소로 일시적 양(+)의 영업현금흐름*이 나타날 수도 있긴 하다.

3년 연속 매출이 급증할 경우

> ### ✅ 운전자본과 현금흐름
>
> 매출채권, 재고자산 등 운전자본이 감소하기 위해선 줄어든 만큼 현금으로 바뀌어서 들어와야 하기 때문에 (+)현금흐름에 영향을 준다.

에도 연속적으로 (-)현금흐름이 발생할 수 있다. 왜냐하면 매출이 급증하면 관련 매출채권과 재고자산의 비중도 커지기 때문이다. 앞서 말했듯 #운전자본 투자가 커지면 영업현금흐름은 (-)가 될 가능성이 커진다. L주식회사의 경우 2020년 매출 수준은 유사한데도 불구하고 매출채권이 급격히 늘어서 (-)영업현금흐름을 만들었다.

이는 연말에 근접한 매출액이 큰 폭으로 증가했다고 추정되나, 이러한 상황이 2021년까지 이어졌다면 매출의 발생 사실에 의구심이 있을 수 있다. 그러나 2021년에는 매출 증가 폭 대비 매출채권 잔액의 변동이 미미해 어느 정도 상쇄시키고 있음을 알 수 있다. 대신 재고자산이 큰 폭으로 증가했는데 이는 매출 급증에 따른 안전재고 확보나 거래처 등 시장 확대에 따른 공격적인 재고 확보에 원인을 찾을 수 있을 것이다. 이러한 상황이 2022년까지 (-)현금흐름으로 이어진다면 '밑 빠진 독에 물 붓기'를 하는 것일 수 있다고 의심해봐야 한다.

회사가 성장하지 않아도 연속으로 (-)영업현금흐름이 발생할 수도 있다. 상장폐지 예정 기업의 3개년 현금흐름표를 보면 매출채권이 회수가 되지 않거나 생산한 제품이 판매되지 않고 쌓여갈 경우에는 이익이 나더라도 (-)영업현금흐름이 나타날 수 있다.

지금 당장은 이익으로 보일 수 있겠지만, 이는 궁극적으로 채권 회수가 되지 않음에 따른 대손상각비 인식 가능성이 높아지고, 재고가 안 팔려 장기체화 됨에 따른 재고자산평가손실이 반영될 가능성

(단위 : 천원)

L주식회사	FY2021	FY2020	FY2019
수익	750,616,896	579,612,301	520,302,893
영업활동으로 인한 현금흐름	(32,480,409)	(13,703,004)	(22,782,994)
당기순이익(손실)	15,871,887	8,283,112	17,089,08
매출채권의 감소(증가)	(633,679)	(54,558,856)	10,484,777
재고자산의 감소(증가)	(51,410,182)	(12,293,947)	(18,463,432)

→ 매출증가로 인한 영업활동 현금흐름 3년 연속 (-)

상폐예정기업	FY2020	FY2019	FY2018
수익	19,347,175	21,519,923	38,337,462
영업활동으로 인한 현금흐름	(8,046,314)	(869,711)	942,280
당기순이익(손실)	(575,723)	350,504	(2,789,490)
매출채권의 감소(증가)	(3,456,950)	270,196	(239,208)
재고자산의 감소(증가)	(7,111,822)	957,690	9,513,067

→ 매출 정체 또는 감소함에도 영업활동 현금흐름 3년 연속 (-)

이 높다는 것을 알려주고 있을 수 있다.

정상적으로 이익을 창출하고 시장 내에서 1~2등을 다투는 기업은 3년 연속 (-)영업현금흐름이 발생하더라도 특별한 문제는 없는 것으로 추정할 수 있다. 그러나 상장된 기업 중에 매출이 비실비실 떨어지고 있거나 당장에 이익이 달성되지 않을 경우, 상장폐지가 될 수 있는 기업이라면 일부러 만들어낸 매출과 이익이 아닌지 의심해 봐야 할 것이다.

앞서 말했지만 이익은 분식 등을 통해 눈속임이 가능하다. 그러나 현금흐름은 불가능하다. 가공 매출과 재고자산 과대계상 등을 통해 억지로 이익을 만든다고 하더라도 현금흐름표를 보면 다 들통 나게 되어 있다.

특히 4년간 영업이익을 1번 정도 달성했는데, 그 3~4년간 영업 현금흐름은 계속해서 (-)였고 부족한 현금은 빌리거나 유상증자를 통해 메꿔갔다면 100% 해당 기업은 사업을 지속할 능력이 안 된다 는 것으로 봐야 한다.

물론 생명 연장의 꿈을 위해 M&A든 뭐든 필요 이상의 이슈를 띄워 유상증자에 재차 성공한다면 다시금 상장 유지가 가능할 수도 있을 것이다. 그러나 현명한 투자자가 많아진다면 이런 회사는 분명 시장에서 퇴출되어 사라질 가능성이 높다. 따라서 영업이익과 현금 흐름은 항상 신중하게 살펴보자.

현금창출능력과 영업활동현금흐름

영업활동현금흐름은 기업의 현금창출능력을 잘 보여준다.

손익계산서는 발생주의 회계기준에 따라 작성되기 때문에 추정이나 예측과 같은 주관적 판단이 개입되지만 현금흐름표 (Statement of Cash Flows)는 그저 현금이 실제로 움직이는 모습을 보여주기 때문에 숫자 자체가 증거를 기반으로 한다.

현금흐름표는 일정 기간 동안의 영업활동, 투자활동, 재무활동 등 경영활동별로 현금조달 및 운용내역을 명확하게 구분해 표시해주기 때문에 손익계산서에서 파악하지 못하는 내용으로 다양한 분석이 가능하다. 이러한 특성 때문에 이익이 허수인지 파악할 수 있고, 부채의 상환능력, 배당금 지급능력 및 추가적인 자금 차입의 필요성 등을 파악하는 데도 유용하다.

기업의 현금흐름은 크게 3가지(영업활동, 투자활동, 재무활동)로 구분할 수 있으며, 영업활동 현금흐름은 기업이 제품을 생산해 판매하는 데 소요되는 각종 수익 비용으로 들어오고 나가는 현금유입 유출을 보여준다.

과거 같으면 가계부처럼 일일이 수입이 들어올 때와 나갈 때 기재하고 합해서 간단히 현금흐름표를 만들 수 있었지만, 오늘날의 기업은 너무나 방대하고 다양한 형태의 영업활동이 이루어지기 때문에 자산 부채의 증감과 주요 손익계산서상의 계정 발생액을 종합적으로 고려해 역추적으로 영업활동현금흐름을 산출한다. 회계상 당기순이익은 발생주의로 계산한 수익 비용의 합계액으로 계산한다. 여기서 비현금성 수익/비용을 가감하고 자산 부채 변동액을 더해버리면 영업활동현금흐름을 계산할 수 있다. 이렇게 계산하는 방법을 간접법이라 부른다.

처음 들으면 이해하기 어려울 수 있다. 어떻게 하면 쉽게 설명할 수 있을까? 손익계산서에는 감가상각비라는 명목으로 비용 처리되는 계정과목이 있다. 이 감가상각비는 이미 취득한 유무형 자산에서 매년 정해 놓은 방법(정책)으로 나누어 비용 처리하는데, 이는 실제로 돈이 나가지는 않는다. 왜냐하면 이미 유무형 자산 취득 시점에 돈을 다 줬기 때문이다.

다만 수익 비용 대응 측면에서 취득 당시에는 자산으로 계상해 놓고 매년 수익에 대응해서 일정 비율만큼 비용처리를 하는 것이다. 그런데 영업활동현금흐름 측면에서 보면 비용으로 계상해서 당기순이익을 감소시켰지만, 실제 현금유출이 된 것은 없기에 당기순이익에서 감가상각비만큼을 더해준다. 감가상각비 말고도 현금유입 유출이 없는 유사한 성격의 수익 비용은 가감해주면 되는 것이다.

내가 수습 회계사 1년차일 때 현금흐름표를 작성하고 검토하면서 밤을 새웠던 기억이 아직도 생생하다. 단 288원이 차이가 나는데, 이게 도대체 어디에서 나는 것인지 아무리 눈을 씻고 찾아봐도 알 수 없었다. 제대로 입력된 것 같은데 희한하게도 찾을 수 없어 하염없이 시간만 보내다가 결국 인차지(Incharge,

특정 프로젝트 책임자) 선생님의 도움을 받아 해결했던 기억이
난다.

이렇듯 현금흐름표는 발생주의와 현금주의에 대한 제대로
된 개념을 알고 있지 않으면 헷갈리게 마련이다. 발생주의로 계
상한 영업손익과 영업현금흐름과의 차이를 살펴보자는 의미에
서 예시를 들어보겠다.

영업손익과 영업현금흐름과의 차이				
구분	2021년	2022년	2023년	2024년
영업활동현금흐름	(91)	48	(156)	(244)
투자활동현금흐름	(106)	(82)	(145)	(69)
재무활동현금흐름	191	344	104	246
현금증감	(6)	310	(197)	(67)
기초현금	15	9	319	122
기말현금	9	319	122	55
영업손익	103	403	460	228

(단위 : 억원)

영업손익이 계속 발생함에도 실제 영업활동현금흐름은 대
규모의 (-)현금흐름을 보여주고 있다. 이런 현금흐름으로 인해
부족한 자금은 재무활동현금흐름으로 메꾸고 있는데, 솔직히
손익계산서만 보면 엄청나게 좋은 기업으로 보인다. 그러나 현
금흐름표와 같이 비교하며 보았다면 분명히 이상한 점을 느끼

고 투자대상에서 제외했을 것이다.

　손익계산서상의 영업이익 및 당기순이익을 보고 판단하는 것도 좋으나 아주 잠깐이라도 시간을 내어 영업활동현금흐름과 괴리가 심하지는 않는지 반드시 체크해보도록 하자.

운전자본 투자의 제대로 된 의미

사업 계획 시 운전자본은 반드시 고려되어야 할 항목이다. 재고자산 및 매출채권은 커질수록 내 돈이 그만큼 묶이는 것이기 때문에 선투자 자본이라고 보면 된다.

운전자본이라고 하면 뭔가 거창하다. 한자로 운전(運轉)은 우리가 흔히 사용하는 단어다. 자동차를 운전한다고 할 때의 운전과 동일한 단어로 기업을 경영한다는 의미도 포함한다. 사업한다는 것을 영어로 표현하면 'Running a Business'라고 하는

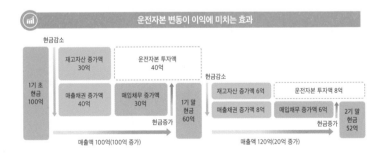

운전자본 변동이 이익에 미치는 효과

것처럼 운전은 사업을 영위하기 위한 활동이다.

사업을 하려면 어떻게 해야 할까? 간단히 커피를 판매하는 사업을 한다고 치자. 먼저 나는 커피를 판매할 장소를 대여하든가 취득해야 한다. 그리고 커피를 판매하기 위해 원두를 사야 하고, 커피를 내리기 위한 기계도 구입해야 하며, 직원이나 아르바이트생도 구해야 한다.

이 모든 것들을 자신의 자본으로 운용해야 한다. 에스프레소머신이나 커피콩을 살 때 전부 내 자본으로 지불한다. 물론 자본이 부족할 때는 내 자본이 아닌 타인자본(차입금 등)을 활용하기도 한다. 그렇다면 자본 중 운전자본은 뭘 의미하는 것일까?

내 자본을 그대로 두면 어떻게 될까? 이자도 붙지 않고 아무런 변화가 없다. 그대로 두니 줄어들지도 않는다. 그런데 사업이란 건 이런 자본을 어떻게든 굴리는 것이다. '사고 만들고 팔고' 이런 간단한 거래 행위를 통해 내 자본을 늘리든 줄이든 하는 것이다.

운전자본은 영어로 'Working Capital'이라고 한다. 말 그대로 일하는 자본이다. 열심히 자본이 일해서 돈이 불어나도록 하는 것이 사업인 셈이다. 그렇다면 기계장치나 건물 같은 것들도 운전자본으로 분류해야 할까? 이것들도 열심히 사용해서 제품도 만들고 할 것이기에 운전자본이라고 보면 안 될까?

아쉽지만 운전자본이 아니다. 일상적인 영업활동 속에서는 기계장치나 건물은 현금으로 환가되지 않는다. 그대로의 모습으로 역할을 다할 뿐이지 현금이 됐다가 다시 생기지 않는다.

그렇다면 현금(유출이든 유입이든)으로 변했다가 생기고 없어지는 계정과목은 무엇이 있을까? 대표적으로 재고자산, 매출채권이 있다. 미수금과 선급금도 생겼다가 없어지기를 반복하지만, 뭔가 일상적이지 않다. 매출활동, 제조활동 등 정상적인 영업활동을 통해 정기적으로 미수금과 선급금이 발생한다면 이들도 운전자본이라고 봐야 한다. 그러나 대개 이런 계정과목은 그렇지 않기 때문에 대부분 발생하더라도 비경상적인 아이템으로 보아 운전자본에서 제외한다.

재고자산을 늘리려면 어떻게 해야 할까? 돈을 지출해야 한다. 왜냐하면 관련 원재료도 사야 하고 각종 원가(인건비 등)을 지출해야 하기 때문이다. 그렇기 때문에 재고자산이 늘면 현금이 유출된다고 본다. 반면에 재고자산이 줄면 그만큼 현금으로 환전되어 유입된다고 보는 것이다.

매출채권은 어떠한가? 매출채권은 내가 물건을 팔고 나서 현금으로 받을 것을 증명하는 채권이다. 당장 현금으로 받으면 제일 좋겠지만, 일반적인 상거래에서는 대부분 물건을 먼저 주고 외상으로 대금을 입금하는 것이 일반적이다. 그렇기 때문에 매출채권이 늘면 늘수록 나의 현금은 줄어든다고 봐야 한다.

누군가는 이렇게 생각할 수 있다. 어떻게 받을 자산이 올라가는데 현금이 줄어든 것인가? 나중에 받을 돈이기 때문에 잠재적인 현금은 늘어나는 것이 아닌가?

그러나 이런 매출채권은 그냥 매출채권(받을 권리)일 뿐이지 현금이 아니다. 매출채권은 다행히 현금으로 받을 수도 있고, 영원히 못 받을 수도 있다. 따라서 엄연히 현금이 아니다. 그리고 나는 매출채권을 늘리기 위해 무언가 나의 자산을 줘야 한다. 인력을 투입해야 하고 재고자산을 줘야 한다. 줘야 할 재고자산을 만들기 위해서는 돈이 먼저 투입된다. 그렇기에 결국 현금이 아닌 매출채권이 늘면 현금유출만 늘어난다고 볼 수 있는 것이다.

내가 사업을 막 시작한다고 가정하면, 초기에 드는 운전자본은 매우 크다. 왜냐하면 초기에 내가 들고 있는 재고자산과 매출채권은 0이기 때문에 사업을 시작해서 매출이 올라가는 만큼 그에 걸맞은 재고자산과 매출채권이 생겨날 수밖에 없기 때문이다.

앞서 말했듯이 이런 재고자산 및 매출채권 잔액은 커질수록 내 돈이 그만큼 묶이는 것이기 때문에 선투자 자본이다. 제품을 안정적으로 팔려면 일정 수준의 재고는 여유 있게 들고 있어야 하기 때문에 기대하는 매출액 대비 일정 비율의 재고자산 보유는 필수적이다. 그리고 현금거래만 주장한다면 타 경쟁사 대비 거래 조건이 나빠 매출 확대에 장애가 생길 것이 분명하기에 기대 매출액 대비 일정 비율은 매출채권으로 들고 있어야 할 것이다.

그러므로 운전자본이라고 불리는 매출채권과 재고자산은 필수불가결하게 발생할 수밖에 없는 것이다. 그런데 나만 죽으라는 법은 없다. 나도 원재료를 구매하거나 외주처에 일을 시킬 때 외상으로 돈을 줄 수 있을 것이다. 일정한 룰을 정해서 나하고 거래하면 얼마 있다가 돈을 주고, 매출채권과 재고자산이 생기면서 비어 있던 자금 일부를 메꿀 수 있다.

그래서 매입채무(정기적으로 발생할 경우 미지급금, 선수금도 포함)의 경우를 운전자본에서 차감해서 순운전자본(매출채권+재고자산-매입채무)을 구할 수 있다. 매년 이런 순운전자본은 매출액의 증감에 따라 변하는데 전기대비 줄어들면 보유 현금이 늘어날 것이고, 전기대비 늘어나면 보유 현금은 줄어든다고 봐야 한다. 현금이 줄어든다는 것은 운전자본이 늘어났다(투자가 일어났다)는 것이다.

너무 의심스러워 — 나쁜 회사 재무제표

밑 빠진 독에 물 붓기
— 몇 년째 재무활동현금흐름이 (+)인 경우

급성장하는 회사가 아님에도 몇 년째 재무활동현금흐름이 (+)인 경우에는 회사가 돈을 못 벌고 있을 가능성이 크다. 우리는 돈이 없으면 은행으로부터 대출을 받는다. 그마저도 힘들면 부모님께 손을 벌리거나 급기야 친구들로부터 돈을 빌리기도 한다. 결국 내가 직접 번 돈으로 부족할 때는 외부에서 돈을 조달할 수밖에 없다.

기업도 마찬가지다. 열심히 사업을 했는데 당장은 쪼들리니 외부로부터 돈을 빌릴 수밖에 없는 것이다. 처음에는 보유하고 있는 부동산과 기계장치를 담보로 돈을 빌린다. 왜냐하면 이자가 싸다. 그러나 담보마저도 없으면 신용으로 대출을 받을 수밖에 없는데 국책

금융기관(신용보증기금, 기술신용보증기금 등)으로부터 보증서를 발급받아 이를 담보로 빌려서 이자율을 낮출 수 있긴 하다.

그런데 이마저 안 되면 급기야 제2금융권으로부터 돈을 빌려야 한다. 이 경우에는 이자율이 일반 금융기관의 거의 곱절에 달하거나 그 이상이다. 그럼에도 급한 불을 꺼야 할 테니 어쩔 수가 없다. 제2금융권으로 손을 벌여야 하는 기업은 아무래도 사업이 잘 안 되고 있을 가능성이 크다는 것을 알아야 한다. 그래서 이 경우에는 상장사임에도 불구하고 유상증자도 어렵기 때문에 전환사채 등의 메자닌 상품을 발행해서 자금을 조달할 수밖에 없는 것이 현실이다.

참… 이렇게 쓰면서도 속에서 갑갑한 무언가 올라온다. 이렇게까지 돈을 빌려서 하면 뭐가 남을까? 결국 쓰다가 망할 수밖에 없을 테고 결국 투자자만 손해를 볼 텐데 말이다.

현금흐름표를 살펴보자. 손익계산서, 재무상태표보다 현금흐름표가 회사의 상태를 무엇보다 잘 나타내 준다. 앞서 영업활동현금흐름이 연속적으로 (-)인 기업을 조심해라고 했는데 이번에는 #재무활동현금흐름이다. 이 재무활동현금흐름이 (+)라는 것은 외부로부터 돈을 조달한 금액이 변제한 금액보다 많은 경우다. 돈이 모자라기 때문에 외부로부터 자금을 빌린다고 했다. 상장사는 돈을 빌릴 수도 있고, 유상증자를 통해 동업 자금을 모금할 수도 있다. 이런 경우에는 형태를 떠나 모두 돈이 모자라는 경우다.

돈이 있으면 뭣하러 이자나 보유지분의 일부를 줘가며 외부로부터 손을 벌리겠는가? 그런데 희한하게도 매년 영업이익이 수백억 원씩 나는데도 계속 돈을 빌리는 회사가 있다. 돈이 벌리는데 왜 계속 돈을 빌릴까? 두 가지 케이스가 있다. 우선 사업 규모를 확대하기 위해 공장부지나 기계장치를 취득하기로 했을 때 일부 모자라는 자금을 외부로부터 충분히 조달할 수 있을 것이다. 이건 돈을 더 많이 벌려는 회사의 의도가 반영되어 있기에 납득할 만한 자금조달이다.

그런데 투자활동도 미미하게 발생하는 데 자금을 계속해서 외부에서 조달하고 있다면 반드시 의심해야 할 이유가 있다. 매출이 증가하고 이익이 발생하는데도 외부로부터 자금을 조달한다고? 무섭게도 이건 손실이 나고 있음에도 불구하고 '울며 겨자 먹기'로 이익이 나는 것처럼 꾸며 놓고 있을 경우일 수 있다.

디폴트가 발생하기 전까지 일반 투자자들은 잘 모른다. 겉으로 보기엔 멀쩡한 기업이기 때문이다. 이익이 꾸준히 발생하고 매출액도 계속 늘고 있다. 겉으로 보기엔 정말 장래가 기대되는 기업이다. 그러나 만약 현금흐름표를 한 번만 제대로 들여다봤다면 이런 생각은 하지 못했을 것이다.

현금흐름표로 찾아내는 분식 손익계산서

(단위 : 억원)

구분	2017년	2018년	2019년	2020년	2021년
매출액	1,257	2,157	2,265	2,266	2,140
영업손익	103	403	460	228	(1,122)
영업이익률	8.2%	18.7%	20.3%	10.1%	-52.4%

구분	2017년	2018년	2019년	2020년	2021년
영업활동현금흐름	(91)	48	(156)	(244)	
투자활동현금흐름	(106)	(82)	(145)	(69)	
재무활동현금흐름	191	344	104	246	
현금증감	(6)	310	(197)	(67)	?
기초현금	15	9	319	122	
기말현금	9	319	122	55	
영업손익	103	403	460	228	

위의 손익계산서로는 과거 3년간 좋은 이익을 냈음에도 불구하고, 2019년 (-)156억 원, 2020년 (-)244억 원의 영업현금흐름을 나타내는 등 2017년부터 4년간 영업활동을 통해 회사로 들어오는 돈 없이 나간 돈만 누적적으로 (-)443억 원인 것을 확인할 수 있다.

나쁜 회사 재무제표

실질적으로 현금상으로는 (-)433억 원 영업손실이다. 원인은 애초부터 밑지고 장사하고 있거나 정말 열심히 일해서 물건을 납품했는데 돈은 못 받은 경우로 추정할 수 있다. 그게 아니라면 허수의 매출을 손익계산서에 반영했거나 부실거래처로 무리하게 사업을 확대했기 때문일 수 있다. 당연히 매출을 올린 만큼 돈이 안 들어오니 (-)현금흐름이 될 것이다.

이런 (-)현금흐름을 메꾸기 위해 결국 외부에서 자금을 조달할 수밖에 없었던 것이다. 4년 연속 재무활동현금흐름이 (+)를 보이고 있고, 누적으로는 4년 동안 885억 원을 조달했다. 손익계산서로 4년간 1,194억 원을 영업이익으로 벌었는데도 불구하고 제3자로부터 돈을 빌린 것이다. 약 402억 원을 투자했다고 하더라도, 외부자금조달의 이유를 도저히 납득할 수가 없다. 매번 말하지만 납득할 수 없으면 반드시 투자대상에서 제외해야 한다.

정리하자면 이 회사는 사업 확장을 위해 금융기관으로부터 돈을 빌려 공격적으로 투자했으나, 애초에 계획했던 것처럼 운영이 되지 않아 구멍이 나 있는 현금흐름을 계속 돈을 빌려서 메꾸고, 메꾸고 하다가 결국 돈이 돌지 않아 유동성 부족으로 망하게 된 케이스다 (실제 발생한 사례다).

만약 이 회사가 상장회사였다면 유상증자 등을 통해 자금을 조달해 조금 더 버텼을 수도 있다. 원래라면 유상증자도 실패해야 하나 이렇게 예쁜 재무제표를 만들어 현혹한다면 유상증자에도 성공

했을 것이고 많은 주주의 눈에 피눈물이 났을 것이다.

그래서 실제 상장회사의 경우 비상장회사보다 자금조달이 쉬우므로 생명유지 기간이 길다. 그러나 자금을 더 빌려서 생명유지 기간이 길 뿐이지, 회사 자체의 '펀더멘털'은 변하지 않을 것이므로 비상장회사나 상장회사나 위험한 회사인 것은 동일한 것을 알아야 할 것이다.

나쁜 회사 재무제표

재무활동은 현금유출이 좋다

재무활동은 현금유출이 많은 것이 더 호감이다?

유상감자 등으로 주주에게 자금을 돌려준다면 자본이 줄어들기 때문에 재무구조가 일시적으로 나빠질 수 있으나 이런 행위(유상감자, 자기주식 취득 등)를 한다는 것 자체가 회사의 자금 사정이 안정적이고 재무구조도 건실하다는 것에 대한 반증일 수 있다.

재무활동현금흐름은 누구로부터 어떻게 얼마만큼 자금을 조달하고, 얼마만큼 조달한 자금을 돌려준 사실이 기재된다.

은행 등 금융기관으로부터 차입을 했다면 재무활동현금유입으로 표시하고, 상환을 했다면 현금유출로 표시한다. 마찬가지로 주주들로부터 유상증자를 받았다면 유상증자대금으로 현금유입으로 표시하고 유상감자나 자기주식 취득 등의 행위로 주주들에게 자금을 돌려줬다면 현금유출로 표시한다. 한편 무상감자나 주식배당은 현금을 따로 나눠주지 않기 때문에 현금흐름표에 표시될 여지가 없다.

그러면 이런 재무활동현금흐름은 과연 유입보다 유출이 좋을까? 솔직히 영업활동을 통해 돈을 잘 벌고 있다면, 재무활동으로 인한 현금유입은 최소화될 것이다. 왜냐하면 내 돈으로 커버가 가능한데 뭣 하러 돈을 빌리느냐 말이다. 물론 #재무레버리지(Financial Leverage)를 높여서 주주이익을 극대화하는 경우는 논외로 하자.

더불어 재무활동 현금유출이 많으면 일반적으로 회사의 재무구조는 좋아진다. 차입금 등 부채가 줄어들기 때문이다. 물론 유상감자 등으로 주주에게 자금을 돌려준다면 자본이 줄어들기 때문에 재무구조가 나빠질 수도 있으나 이런 행위(유상감자, 자기주식 취득 등)를 한다는 것 자체가 회사의 자금사정이 안정적이고 재무구조도 건실하기 때문에 가능하다. 그래서 재무활동 현금흐름에서는 현금유출이 더 호감이 간다.

사례를 들어 설명해보겠다. 아래 표를 보면 재무활동현금흐름이 전부 (+)유입이다. 그것도 4년 연속으로 (+)유입이다. 돈이 얼마나 없는지 매년 자금을 조달하고 있다. 완전 비호감

(단위 : 억원)

구분	2021년	2022년	2023년	2024년
영업활동현금흐름	(91)	48	(156)	(244)
투자활동현금흐름	(106)	(82)	(145)	(69)
재무활동현금흐름	191	344	104	246
현금증감	(6)	310	(197)	(67)
기초현금	15	9	319	122
기말현금	9	319	122	55
영업손익	103	403	460	228

이다.

참 희한한 게 4년 연속으로 영업이익이 났는데도 불구하고 계속 돈을 조달하고 있다. 이건 뭔가 이치에 맞지 않는다. 매출로 벌어들이는 영업이익이 과연 돈으로 이어지는지 의문스럽다. 단순히 매출과 이익을 부풀리기 위해 허수의 매출을 계상하고 있었다면 이익은 그저 허상일 뿐이다.

이런 회사는 십중팔구 망한다. 물론 유상증자나, 메자닌(전환사채 등)으로 자금조달이 용이한 상장회사라면 모르겠지만, 비상장회사인 경우에는 버티지 못한다. 따라서 항상 손익계산서의 매출과 이익만 찾아볼 것이 아니라 현금흐름표와 반드시 비교해서 살펴봐야 할 것이다.

재무레버리지(Financial Leverage)와 양날의 검

재무레버리지는 양날의 검이다. 재무레버리지를 활용해 주주들은 매년 달콤한 이익을 맛보지만 그 이익이 나중에 칼로 돌변해 주주 등에 꽂힐 수도 있다.

재무레버리지(Financial Leverage)란 이자비용 등의 고정적인 재무비용 때문에 영업이익의 변동률 보다 주당순이익의 변동률이 커지는 현상을 말한다. 쉽게 말하면 자금조달 시 차입금 비중이 커질수록 영업이익 대비 '주주가 가져가는 몫'이 늘어난다는 의미다.

내가 항상 이야기하는 것이 있다. 좋은 투자처가 있다면 내돈만으로 사업을 진행할 것이고, 만약 내 돈만으로 부족하다면 동업자를 구하기보다는 다른 사람으로부터 돈을 빌리려 노력

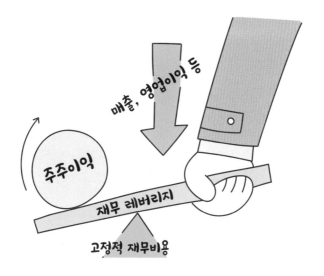

할 것이다. 동업자를 구하면 구할수록 내 몫은 줄어들 것은 분명하기에 미래 현금흐름이 어느 정도 확실하게 보장되는 사업의 경우에는 반드시 외부차입이 우선하는 것이 이익이라는 의미다.

　이와 같은 맥락에서 재무레버리지를 이해하면 쉽다. 차입금이 많아지면 일단 조달된 자금에 대한 자본비용은 낮아진다.

왜냐하면 주주로부터 받은 돈에 대한 요구수익률보다 이자율이 훨씬 낮기 때문이고 이러한 이자비용은 법인세 절감효과*를 고려할 때

✅ 법인세 절감효과

이자비용은 부담하는 비용만큼 법인세를 줄여준다. 반면 주주에게 주는 비용(배당 등)은 아무런 세절감 효과가 없다.

더욱더 낮은 수준으로 자본비용을 부담할 수 있기 때문이다.

전체 투자액에서 차입금 비중이 높아질수록 실제 주주 돈이 들어가는 절대적 금액이 줄어들기 때문에 동일한 이익이 나온다면 훨씬 높은 투자이익률(자기자본이익률)을 얻을 수 있다. 예를 들어 어떤 사업(필요 투자금 500원 가정)으로 벌어들이는 이익이 100원이라면, 주주인 내가 투자하는 자금이 200원(차입금 300원, 5% 고정이자율 가정)일 때와 100원(차입금 400원, 5% 고정이자율 가정)일 때를 비교해보면 답이 나온다.

먼저 주주 투자금이 200원일 경우, 순수하게 주주에게 떨어지는 이익은 100원-300원×5%=100원-15원=85원이고, 주주 입장에서의 투자이익률은 85원/200원=42.5%다. 다음으로 주주 투자금이 100원일 경우, 순수하게 주주에게 떨어지는 이익은 100원-400원×5%=100원-20원=80원이고, 주주입장에서 투자이익률은 80원/100원=80%가 된다.

사업을 하면서 벌어들이는 돈은 같은데, 주주한테 떨어지는 수익률은 거의 2배다. 주주는 원래 200원을 투자하려고 했는데 추가 차입이 가능할 경우 100원만 투자하고, 나머지 100원을 다른 무위험 투자처에 투자하면 리스크도 줄이면서 더 높은 이익을 얻을 수 있는 것이다.

그러나 차입금이 너무 많아지면 파산 위험이 커진다. 이러한 파산 위험은 빌린 돈을 못 갚을 위험(채무 상환 위험)과 단기에 도래하는 미지급금(매입채무, 급여 등)을 갚지 못하는 위험(유동성 위험)으로 커진다.

여기서 이자비용은 매년 고정적으로 무조건 내야 하는 비용이기 때문에 영업으로 벌어들이는 이익보다 내야 할 이자비용이 커질 때는 이런 유동성 위험과 채무 상환 위험이 커지는 것은 당연한 현상이다.

그러므로 차입금 조달율을 늘리는 방법으로 재무레버리지 활용을 극대화하는 것은 양날의 검이다. 주주들은 이익이 날 때마다 더 달콤한 이익을 맛보지만, 그 이익이 나중에 칼이 되어 등에 꽂을 수 있다. 코로나19 등 외생변수의 발생이나 예측하지 못한 장기 경기침체는 기업이 컨트롤할 수 없다. 재무레버리지를 적극적으로 활용한 기업들에게 있어서 이런 외생변수는 독이 되어 다가온다.

이해를 돕기 위해 차입금 등 타인자본을 쓸 경우와 아닐 경우에 영업이익의 변동 대비 주당순이익 변동을 비교해서 보자.

01) 타인자본을 쓸 경우 — 영업이익률 20% 변동 시 주당이익률은 25% 변동한다.

구분	20% 하락시		20% 상승시
영업이익	8,000	10,000	12,000
이자비용	(2,000)	(2,000)	(2,000)
세전순이익	6,000	8,000	10,000
법인세비용	(1,200)	(1,600)	(2,000)
당기순이익	4,800	6,000	8,000
주식수	1,000	1,000	1,000
주당순이익(*)	4.8	6.4	8.0
변동률	-25.0%		25.0%

(*) 발행주식 1,000주 가정

02) 타인자본을 쓰지 않을 경우 — 영업이익률 20% 변동 시 주당이익률은 동일한 비율로 변동한다.

구분	20% 하락시		20% 상승시
영업이익	6,400	8,000	9,600
이자비용	-	-	-
세전순이익	6,400	8,000	9,600
법인세비용	(1,280)	(1,600)	(1,920)
당기순이익	5,120	6,400	7,680
주식수	1,000	1,000	1,000
주당순이익(*)	5.1	6.4	7.7
변동률	-20.0%		20.0%

(*) 발행주식 1,000주 가정

이런 관점에서 볼 때, 매년 안정적인 현금흐름을 보이는 우량 기업의 주주들은 추가적으로 자금을 투입할 이유가 없지 않을까? 오히려 부채를 최대한 늘리기를 종용해서 자기들 이익(주당순이익)을 극대화하는 게 최고다. 이런 주주들의 욕망을 충실히 들어준 회사가 그 유명한 애플, 스타벅스다. 이런 회사들이 그 많은 이익을 벌어들임에도 재무구조가 자본잠식을 넘나드는 이유이기도 하다.

재무레버리지를 활용해 주주들은 매년 달콤한 이익을 맛보지만 그 이익이 나중에 칼로 돌변해 주주 등에 꽂을 수도 있다.

나는 회계사

딱 봐도 이상해
— 원가율이 매년 널뛰기를 한다?

특별한 사정이 없는 한, 원가율은 매년 비슷해야 한다. 그런데 원가율이 매년 들쭉날쭉 한다면 재무제표에 뭔가 문제가 있다고 봐야 한다. 제조업을 영위하고 있는 기업의 원가율은 더욱 그렇다.

원재료를 사 와서 기계장치 등을 활용해 제품을 생산하고 마케팅 등을 통해 판매 활동을 하는 기업의 원가율은 빤하다. 주요 원재료의 단가 변동에 일시적인 영향을 받기는 하겠지만, 제품 가격도 시차를 두고 변하기 때문에 원가율은 궁극적으로 평균으로 수렴하는 것이 정상이다.

예를 들어 원유를 주요 원재료로 삼아 제품을 만드는 화학공장이 있다고 치자. 올해 상반기 원유 가격이 큰 폭으로 올라 당장은 원가율이 큰 폭으로 상승했던 적이 있다. 하지만 다시 원유 가격이 하락하는 것과 상관없이 판매 가격 상승으로 원래의 원가율 수준을 회복할 수 있다.

왜냐하면 수요는 과거와 비슷하게 존재하는 상황에서 원유 가격 상승으로 인해 매년 손실만 본다면 기존 기업들 가운데 재무구조가 탄탄하지 않은 기업은 망하고 결국 살아남은 기업들만 제품 공급이 가능하기 때문에 수요와 공급의 법칙에 따라 가격은 올라갈 수밖에 없다. 결국 가격이 변동해 유사한 수준의 마진으로 복귀한다.

그런데 이런 수요와 공급의 법칙과 상관없이 갑자기 원가율이 낮아졌다가 높아지기를 반복하는 손익계산서를 보여준다면, 그 이유가 무엇인지는 모르겠으나 일단 경계 대상이다.

구분	2021년	2022년	2023년	2024년	2025년
매출액	2,000	1,900	1,950	1,800	1,700
재고자산	300	400	350	410	200
영업이익	10	80	(60)	70	(180)
영업이익률	0.5%	4.2%	-3.1%	3.9%	-10.6%
매출원가율	85.0%	80.8%	88.1%	81.1%	95.6%
원가율 변동		-4.2%	7.3%	-7.0%	14.5%

널뛰는 원가율

(단위 : 억원)

앞서 설명했듯 특별한 사정이 없는 한 원가율은 널뛰기가 불가능하다. 재고자산이 큰 폭으로 변동했기에 원가율이 변동했다고? 재고자산은 아무 이유 없이 왜 변동할까? 매출이 증가했기 때문에 재고자산이 증가했다? 꾸준히 매출액이 증가하면 이익률은 계속 좋은 쪽으로 나아질 수밖에 없다. 다행히 널뛰기하는 원가율에 대한 이유가 모두 사실이고, 매출 증가로 인해 재고자산이 증가한 것이라면 아주 좋은 징조다. 그러나 대개는 이런 식으로 흘러가지 않는다.

매출은 전기 대비 줄어들었다. 그런데 재고자산이 늘었다면 무슨 이유인지 살펴야 한다. 내년을 대비해서 생산을 많이 해 놓았다고 한다면, 정작 내년에는 재고가 줄어야 하는 것이 정상이다. 미리 생산해 놓았기 때문에 정상적인 회사라면 구태여 비싼 원재료를 써가면서 재고를 만들지 않을 것이기 때문이다. 그럼에도 불구하고 또 재고가 늘었다면? 매출이 줄었는데 오히려 이익이 늘고, 이익률도 엄청 좋아졌다면 재고자산이 증가한 만큼 원가율이 줄어들었기 때문이다.

이런 회사는 십중팔구 원가율 반전이 일어난다. 어느 순간 재고자산이 큰 폭으로 감소할 것이다. 원가율이 폭증해 엄청난 수준의 당기순손실을 보여줄 것이다. 그렇기 때문에 미리 파악할 수 있는 능

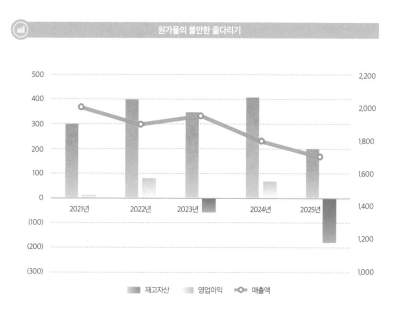

원가율의 불안한 줄다리기

재고자산　영업이익　매출액

력을 기르는 것이 중요하다.

3년 연속 재고자산 증가, 매출액 유지 또는 감소 콤보인 경우 무
조건 나쁜 회사 재무제표일 가능성이 크다. 빠르게 변하는 세상이
다. 쌓여 있는 재고자산이 원재료라면 다행이겠지만, 제품 재고인 경
우 3년 동안 재고자산 자체가 진부한 제품이 되어 세상에 나올 기회
조차 없을 것이다.

⑮ 너무 의심스러워 ― 나쁜 회사 재무제표

이게 전부 다 내 돈이야?
― 보기에도 이상한 특수관계자 거래

특수관계자와의 거래는 주요 감시기관이 특히 유의해 살펴보는 항목이다. 거래 자체가 나쁘다고 단정지을 수는 없지만, 그만큼 유의해야 할 거래임이 분명하다. 특히 특수관계자와 중요한 자금거래가 있다면 무조건 주의 깊게 살펴볼 것을 권한다.

특수관계자*란 친분관계가 있어서 특정이익을 위해 공모가 가능한 자를 칭한다. 특수관계자가 누구고 어디까지 해당하는지 법적으로 정해 놓았지만, 일일이 설명하면 어려워질 테니 이

✓ 특수관계자

특수관계자란 법령에 정하는 바에 따라 혈족, 인척 등의 가족관계에 있는 자, 회사가 지분을 가지고 있거나, 회사의 지분을 가지고 있는 관계회사, 회사의 임원 등의 자를 칭한다.

번에는 넘어가고, 그냥 대주주나 관계회사(계열사 등)가 대표적인 특수관계자라고만 알고 있도록 하자.

특수관계자가 무조건 나쁘다는 것은 아니다. 사업을 확장하다가 보면 많은 곳에 투자하고 관계를 맺을 수 있다. 네이버, 카카오 등 주요 대기업도 아주 많은 관계기업을 보유하고 있으며, 어찌 보면 회사가 커가는 데 당연한 수순인 듯하다.

특수관계자 거래 주석 예시

당기 및 전기 특수관계자와의 자금대여거래 내역은 다음과 같습니다.
<당기>
(단위: 천원)

특수관계자	기초	대여	회수	기말
	16,960,278	1,200,000	-	18,160,278
	6,300,000	-	-	6,300,000
	5,690,000	-	1,720,000	3,970,000
합계	28,950,278	1,200,000	1,720,000	28,430,278

(단위: 천원)

특수관계자	기초	대여	회수	기말
	15,000,000	6,105,000	4,144,722	16,960,278
	14,163,150	9,308,563	23,471,713	-
	3,640,000	6,300,000	3,640,000	6,300,000
	3,700,000	-	3,700,000	-
	8,550,000	-	2,860,000	5,690,000
	-	27,480,000	27,480,000	-
합계	45,053,150	49,193,563	65,296,435	28,950,278

그러나 문어발식 확장만으로 회사가 커지는 데는 분명 한계가

있다. 결국에는 한계에 도달해 도미노처럼 회사가 쓰러지게 만들 수 있다.

특수관계자와는 그만큼 거래가 투명해야 하는 것이 핵심이다. 투명하지 않은 특수관계자와의 거래는 결국에는 문제를 일으킨다. 문제가 발생한 회사의 재무제표를 보면 특수관계자와의 거래가 빈번하고 자금 대여와 회수가 자주 일어난다. 특수관계자인 관계회사에 자금의 대여가 필요하다는 것은 해당 관계회사가 차입도 못 일으킬 만큼 문제가 많은 회사일 가능성이 크다. 그런데 자금을 빌려준다면, 회수하지 못할 수 있다.

회사는 대표이사만의 것이 아니다. 상장회사의 경우에는 많은 주주들이 지분을 나눠서 소유한다. 그런데 회사의 자금을 마음대로 빼내어 특수관계자에게 빌려준다는 건 문제 될 가능성이 크다. 그럼에도 불구하고 상장회사의 자금 대여거래가 이렇게 빈번하게 발생한다면, 솔직히 나는 저렇게 회수가 된다는 것에도 실제 회수된 것인지 의문을 품는다.

그래서 나는 이렇게 관계회사와의 자금거래가 빈번한 회사에는 투자하지 말 것을 권한다. 언젠가 이야기한 적이 있다. 내가 빌려준 돈, 투자한 돈을 자기 것처럼 생각하고 사용하는 자에게는 더 이상 신뢰를 줘서는 안 된다. 많은 사람에게 빈번하게 자금을 내주고 회수한다면, 분명 다른 형태로 자금을 활용할 수도 있다는 점을 놓쳐

서는 안 될 것이다. 하나를 보면 열을 안다고 이런 회사는 반드시 조
심해야 한다.

특수관계자	당기			전기		
	대여금	대손충당금	장부금액	대여금	대손충당금	장부금액
▨▨▨	9,344,279	(9,344,279)	-	7,143,949	(2,161,739)	4,982,210
	4,428,228	(4,428,228)	-	4,247,865	-	4,247,865
	604,625	(604,625)	-	-	-	-
합계	14,377,132	(14,377,132)	-	11,391,814	(2,161,739)	9,230,075

특수관계자에게 빌려주고 못 받은 돈

(단위 : 천원)

위의 표를 살펴보자. 특수관계자에게 돈을 빌려줬는데 결국에
는 전액 대손이다. 그 특수관계자가 돈을 받아서 따로 챙겨 놓고 주
지 않는다면 어찌할 것인가? 불법행위라고 보는 것은 논외로 두고
이런 모습을 보여주는 회사의 재무제표를 봤다면 당장 투자를 철회
해야 한다. 미리 확인하고 철회했어야만 이렇듯 '더러운 꼴'을 보지
않았을 것이다.

144억 원이라는 금액은 푼돈일 수 없다. 누군가에게는 진짜 피와
땀을 흘려 번 돈을 투자했을 수 있다. 그런데 이게 사업으로 손실 본
것도 아닌, 특수관계자에게 빌려주고 못 받아서 받아들게 된 손실이
라면 얼마나 땅을 치고 통곡할 일인가?

정리하자면 특수관계자는 기업이 성장하는 과정에서 자연스럽
게 많아질 수 있다. 따라서 특수관계자의 존재 여부가 나쁜 것은 아

니라는 점을 분명히 하겠다. 거래도 발생할 수 있다. 불가피하게 전략적으로 특수관계자와의 거래가 발생할 수도 있고, 관련 채권이 있을 수 있다. 그러나 이 비중이 커서는 안 된다. 전체 매출액 중 특수관계자에 대한 매출 비중이 중요하다면 그 원인을 알아보고 납득할수 있어야 한다. 그렇지 않다면 뭔가 석연치 않은 매출이라는 의심과함께 나쁜 회사 재무제표일 수 있다는 점을 고려해야 한다.

그리고 특수관계자와의 자금 거래는 원칙적으로 없어야 하는것이 맞다. 아무리 일시적이고 전략적인 대여행위라고 하더라도 특수관계자에 대한 현금의 유출은 신중해야 할 것이다. 그냥 그런 거래가 있다고 하면, 일단 투자 유의 대상으로 보고 신중하게 접근하도록 하자. 내 소중한 돈이 누군가의 쌈짓돈이 되어서는 안 된다.

부록

❶ '차이'로 알아보는 재무제표

차이만 알아도
재무제표가 보인다.

미지급금과 미지급비용 차이

미지급비용이 미지급금으로 바뀔 수는 있으나 미지급금이 미지급비용으로는 바뀔 수 없다.

새내기 회계사 시절, 미지급금과 미지급비용이 헷갈려 고민했던 적이 있다. 외부 감사 과정에 미지급비용 명세서상에 미지급금으로 돌려야 할 부분은 있는지 확인해보라는 인차지(Incharge, 특정 프로젝트 책임자) 선생님의 지시사항을 듣고 공부하던 중 혼란에 빠졌다.

"미지급금은 자산에 대한 미지급이고, 미지급비용은 비용에 대한 미지급이다."

도대체 뭔 말인가? 그저 말장난에 불과한 것처럼 느껴졌고, 편의지상주의적 분류이자 전문가이기를 포기하는 해석이자 판단이었다.

고민과 공부 끝에 정리한 바는 다음과 같다.

"미지급금은 결산일 현재 '지급기일이 경과한' 확정된 채무 중 지급이 완료되지 않은 부분이고, 미지급비용은 계속 제공받는 용역에 대해 결산일 현재까지 기간이 경과했기 때문에 대가 지급의무는 발생했으나 '지급기일이 도래하지 않아' 아직 확정되지 않은 지급채무로 결산 목적으로 계상한 채무다."

따라서 미지급비용으로 계상된 금액도 지급기일이 도래했는데도 지급하지 않은 경우에는 미지급금으로 처리해야 하는 것이다. 덧붙이자면 미지급금이 이미 줘야 할(지급의무가 확정이 된) 돈을 주지 않았을 때 달아 놓는 계정과목이라면, 미지급비용은 은행이자처럼 차입계약상 지급할 시점은 도래하지는 않았지만 시간 경과로 볼 때 대출일이 발생했기 때문에 관련 비용처리가 필요한 부분을 가리킨다.

예를 들어 급여도 원래 월급날이 매달 10일인데, 결산시점인 12월 31일에는 12월 급여에 대해 일단 미지급비용으로 1개월치를 달아 놓고 비용처리를 하는 것이고, 다음 달 10일에 사정이 생겨 급여를 지급하지 못하고 다음 달에 지급할 것으로 처리할 경우에는 이달 말 현재 결산시에는 미지급금으로 처리해야 하는 것이다.

기타포괄손익누계액과
자본조정 차이

　기타포괄손익누계액과 자본조정은 모두 임시 항목의 집합소라는 점에서 동일하다.

　기업의 재무제표에서 자기자본의 항목 중에는 특이한 계정과목이 보인다. 자본금과 자본잉여금, 이익잉여금은 대충 어떤 것인지 짐작할 수 있지만, 기타포괄손익누계액과 자본조정은 도대체 어떤 것인지 짐작조차 어렵다.

　도대체 이것들이 무엇이길래 자기자본 쪽에 떡하니 자리를 차지하고 있는 것일까? 그런데 느낌상 왠지 이도 저도 아닌 항목을 묶어놓지 않았을까 하는 막연한 추측이 가능하다.

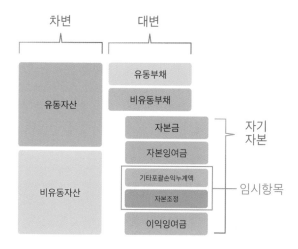

먼저 기타포괄손익누계액은 단어만 볼 때 기타 항목으로 중요한 항목은 아니라는 소리다. 포괄손익이라는 것은 손익계산서상에 표시하는 당기손익이 아니고 전반적인(포괄) 기업의 이익을 표시해 주는 이익이고, 누계액이란 단어로 유추해보면 발생한 것들의 합계를 표시하고 있지 않을까 짐작이 가능할 것이다.

사전적인 의미로는 소유주와의 자본거래를 제외한 모든 거래나 사건에서 인식한 자본 변동액을 의미한다고 한다. 풀어서 설명하자면 일단 주주들과의 자본 거래를 제외한다고 했기에 일상 거래로 인해 발생한 자산 부채의 변동으로 발생한다.

자본 거래를 하면 누군가는 이익을 보고 누군가는 손해를 보게 되는데, 기업 입장에서 이익을 볼 경우에는 자본잉여금이라는 계정과목으로 표시된다. 따라서 기타포괄손익누계액은 자본거래는 일단 아니다. 거래 등을 통해 자산 및 부채를 변동시키면서도 손익계산서상의 이익이나 손실로 표시하기도 애매한 항목을 합쳐 표시한 것으로 이해하면 된다.

미실현 보유손익이 주를 이루는 상태에서 일단 자산의 증가를 도모하긴 했으나 손익계산서상의 이익으로 표시할 수도 없고 자본거래도 아니기에, 임시로 자본에 포함시켰다가 향후 실질적 처분이나 실현이 이루어지는 시점에 손익계산서를 통해 이익으로 반영하는 항목인 것이다. 세무조정을 할 때의 유보항목(당장 처리하지 않고 나중으로 미뤄둔 항목)과 비슷하다고 볼 수 있겠다.

대표적인 계정과목으로는 매도가능증권평가손익, 유형자산재평가잉여금, 해외사업환산손익, 지분법자본변동 등이 있다. 이 중 유형자산재평가잉여금의 경우엔 토지, 건물 등을 공정가치 평가를 통해 원래 100원에서 1,000원으로 늘려 장부가액으로 표시했으나 이건 실제 현금으로 들어온 게 아니고 그냥 모양만 바꾼 것이기 때문에 자본항목에 기타포괄손익누계액으로만 표시한 것이다.

다음으로 자본조정이라는 계정과목은 주주 등 자본거래를 통해 뭔가 변화가 이루어졌으나 이게 자본항목 중 어떤 것을 줄이거나 늘려야 하는지 확실치 않기 때문에 생겨난 계정과목이다. 즉 자본거래와 연관된 손익의 임시 집합소다.

예를 들어 설명해보자면 자기주식을 취득하면 회계상 취득한 금액만큼 자본의 차감항목으로 설정해 자본조정으로 처리한다. 자기주식을 외부에 재매각할 경우에는 그냥 자본 전체에서 차감항목으로 표시한 자본조정만 없애면 되지만, 만약 자기주식소각해서 없앨 경우에는 소각 금액에 따라 감자차익(자본잉여금)이 발생할 수 있기 때문에 취득만 한 상태에서는 자본의 어떤 항목에 영향을 줄지 확정된 것이 아니라서 자본조정으로 일단 표시해 놓는다는 것이다.

정리하면 자본조정은 자본항목에서 조정이 이루어지는 것은 분명하지만 아직 최종 결과가 미확정 상태여서 자본의 구성항목 중 특정 항목에 영향을 주는지 알 수 없다. 따라서 회계상 전체 자본총계에 가감하는 형식으로 기재하는 항목이다. 기타포괄손익누계액과 자본조정 모두 임시 항목의 집합소고, 자본거래인지에 따라 자본조정이나 기타포괄손익누계액으로 표시한다고 이해하면 된다.

선수금과 예수금 차이

일반적인 상거래에서 거래처로부터 거래 대가를 미리 받을 경우에는 선수금으로 처리하며, 상거래 외에 일시적으로 현금 등을 대신 보관만 해주다가 일정 시점에 다른 누군가에게 전달해야 할 의무를 있을 때는 예수금으로 처리한다.

회계법인에서 자문계약을 할 때 일정한 금액을 업무 착수 전인 계약 시점에 받는 경우가 있는데, 이를 계약금 또는 착수금이라고 한다. 전체 계약금의 10% 정도를 받는데 이 경우 현금이 회계법인 계좌에 입금될 경우 선수금으로 회계처리하는 것이다. 회계법인에 소속된 전문가가 자문을 아직 제공하지 않았기 때문이다.

예를 들어 어떤 업체와 1억 원의 자문계약을 체결했다고 치자.

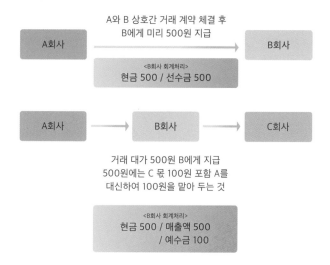

A와 B 상호간 거래 계약 체결 후
B에게 미리 500원 지급

A회사 → B회사

<B회사 회계처리>
현금 500 / 선수금 500

A회사 → B회사 → C회사

거래 대가 500원 B에게 지급
500원에는 C 몫 100원 포함 A를
대신하여 100원을 맡아 두는 것

<B회사 회계처리>
현금 500 / 매출액 500
/ 예수금 100

여기에서 1억 원에는 부가가치세가 포함되지 않았다. 그렇기 때문에 거래상대방은 회계법인에 계약금(10%) 지급 시 부가가치세를 포함한 1,100만 원을 현금 등으로 입금한다. 이때 1,000만 원은 선수금이 되는 것이고, 100만 원은 예수금(정확히 말해 부가가치세예수금)이 된다. 왜냐하면 여기서 100만 원은 내가 자문용역의 제공이 완료됐다고 해서 내 돈이 되는 것이 아닌 과세관청에 납부해야 하는 돈이기 때문이다.

한편, 재무상태표에서 미지급금과 미지급비용은 기타금융부채로, 선수금과 예수금은 기타부채로 분류하고 있다. 왜 어떤 계정과목은 금융부채로 분류하고 어떤 부채는 그냥 부채로 보느냐 궁금할 수도 있다.

일단 회계상 금융부채는 간략하게 거래상대방에게 현금 등 금융자산을 인도하기로 한 계약상 의무로 발생한 것이다. 기계를 구매하는 계약을 체결했으나 아직 금액을 지불하지 않았을 경우, 발생한 미지급금과 공장을 임차하는 계약을 하고 임차료를 지불해야 했으나 아직 지불하지 않았을 때 발생한 미지급비용 등은 거래상대방에게 '현금 등을 이전할' 계약상 의무로 인해 발생한 것이기 때문에 금융부채로 분류한다.

그러나 선수금의 경우 물품을 공급하기 전 미리 받은 대가일 뿐이지 계약을 했다고 발생한 것이 아니다. 왜냐하면 계약을 했더라도 미리 돈을 주지 않았다면 선수금이 발생할 여지가 없다. 예수금은 현금 등 금융자산을 이전할 의무는 맞으나 계약 때문에 발생한 것이 아니라 법률 또는 상거래 관행상 발행하는 것이라 금융부채로 보기가 어려운 것이다.

솔직히 이러한 구분을 제대로 아는 것이 실질적인 도움이 될까 하는 의문이 있지만, 일단 알고 나면 재무제표를 이해하는 데 피와 살이 될 수 있을 것이다.

나쁜 회사 재무제표

이익잉여금과 자본잉여금 차이

이익잉여금은 영업으로 벌어들인 이익이 남아있는 것이고, 자본 잉여금은 자본거래로 벌어들인 이익이 남아있는 것이다.

이익잉여금은 회사가 벌어들이는 이익이 기업 내부에 누적되어 있는 것이다. 기업 운영을 통해 돈이 남았으니깐 재무제표에 남아 있겠거니 하고 생각하면 이해하기 쉽다. 그런데 자본잉여금은 또 뭔가? 자본잉여금은 어디에서 발생한 것이며, 어떻게 잉여가 생긴 것일까? 책이나 다른 자료를 살펴보면 막연하게 느껴질 뿐 쉽사리 이해하기가 어렵다.

일단 자본잉여금은 자본거래로 발생한 이익 누계액이다. 자본거래는 회사가 영업활동이나 투자활동을 위해 발생한 거래가 아닌 기

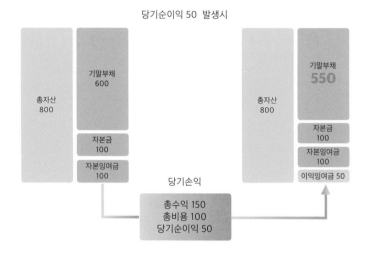

당기순이익 50 발생시

총자산
800

기말부채
600

자본금
100

자본잉여금
100

총자산
800

기말부채
550

자본금
100

자본잉여금
100

이익잉여금 50

당기손익

총수익 150
총비용 100
당기순이익 50

업이 보유한 자본을 조달하고 처분하는 것을 의미한다. 기업은 자금
이 쪼들릴 때 유상증자를 실시하는데 그때 액면가액 대비 높은 가
격으로 발행한다면 발행가액과 액면가액과의 차이만큼 이익이 남
은 것이라 보고 자본잉여금 (주식발행초과금)으로 처리하는 것이다.

주식 액면이 500원인데 1만 원에 발행해 제3자가 인수한다면 기
업 입장에서는 순수하게 9,500원이 남는 것이고, 인수자 입장에서는
그만큼 비싸게 주고 사는 셈이다. 물론 시장에서는 1만 원이 오히려
싼 가격이기 때문에 산 것이지만, 기업이 발행하는 주식에 적혀 있는
액면이 500원이라는 데는 변함이 없다. 그래서 기업 입장에서 주식
발행으로 9,500원만큼 이익을 얻었으니 이것을 자본잉여금으로 계

상하는 것이다.

반면 주식을 주주들에게 돌려줄 때도 이익이 생길 수 있다. 감자차익이라고 말하는데 감자라는 것은 자본금을 줄이는 행위이다. 자본금을 줄여서 기업의 회생을 도모하기 위해 주주의 희생을 요청하는 것이다.

무상감자라고 들어봤을 것이다. 주식을 '찢어' 없애고도 아무것도 주주에게 돌려주지 않는 행위를 말하는데, 주주는 울며 겨자 먹기식으로 어쩔 수 없이 감자에 동의할 수밖에 없었을 것이다. 왜냐하면 남은 주식으로 조금이나마 회수하고 싶기 때문이다.

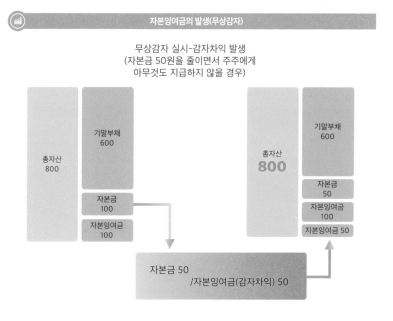

자본잉여금의 발생(무상감자)

무상감자 실시-감자차익 발생
(자본금 50원을 줄이면서 주주에게
아무것도 지급하지 않을 경우)

총자산
800

기말부채
600

자본금
100

자본잉여금
100

총자산
800

기말부채
600

자본금
50

자본잉여금
100

자본잉여금 50

자본금 50
/자본잉여금(감자차익) 50

이렇게 기업이 감자를 하면 주당 감자 금액에 따라 이익(감자차익)
이 발생하기도 하고 손실(감자차손)이 발생하기도 한다. 아래 그림은
자본거래를 통해 이익이 발생한 사례로 감자차익이 발생한다. 감자
차익이라는 건 액면가 500원짜리 주식을 찢어버리면서 100원밖에
주지 않거나 아예 아무것도 주지 않을 때 발생한다. 100원만 준다면
감자차익은 400원이 발생하고, 아무것도 주지 않으면 500원의 감자
차익이 발생하는 것이다. 자본금은 500원이 감소하고, 자본잉여금이
400원 또는 500원이 증가하는 셈이다.

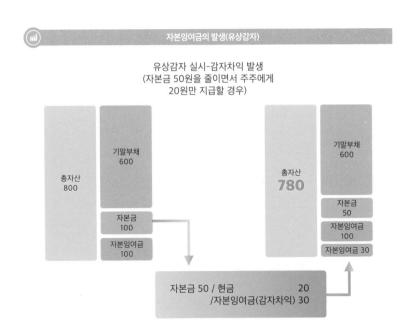

반면 액면가 500원짜리 주식을 찢어버리면서 1,000원을 준다면

기업 입장에서 500원만큼 손실이 발생하므로 이를 감자차손으로 처리하고 자본조정이라는 자본차감 항목으로 재무제표에 계상한다.

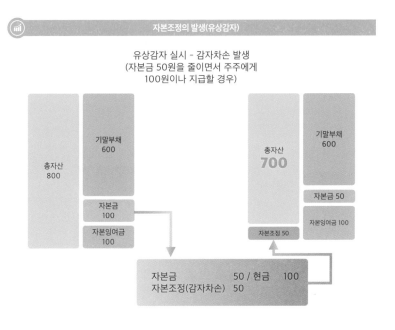

자본조정의 발생(유상감자)

유상감자 실시 – 감자차손 발생
(자본금 50원을 줄이면서 주주에게
100원이나 지급할 경우)

한편 기업이 자기주식으로 들고 있었던 것을 제3자에게 매각한다면, 발생하는 처분이익은 손익계산서의 이익일까, 아니면 자본잉여금으로 처리해야 할까? 정답은 자본잉여금으로 처리해야 한다는 것이다. 자기주식이라는 것은 기업이 보유한 자본에 대한 청구권을 가지는 주식이고, 언제든 자본금을 구성할 수 있고 유통될 수 있는 주식을 임시로 들고 있는 것이기 때문에 자기주식을 거래하는 것은 자본거래와 같다고 볼 수 있기 때문이다.

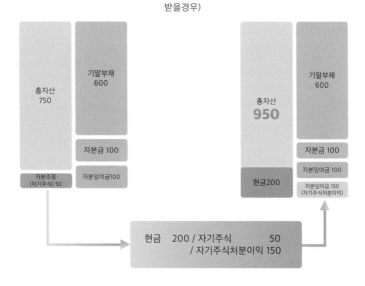

자기주식 처분- 자기주식처분이익 발생
(자기주식 50원을 주면서 주주에게 200원이나
받을경우)

만약 기업이 다른 회사의 주식을 취득하고 처분해 이익을 얻는다면 단기매매증권처분이익 등의 계정과목으로 설정해 영업외수익으로 처리해야 한다. 그에 비해 자기주식거래는 자기 자신의 자본을 매개로 해 거래하는 것이므로 자본거래활동으로 보아 자본잉여금 또는 자본조정으로 처리해야 하는 것이다.

이익잉여금과 결손금 차이

   '잉여'라고 하면, 뭔가를 하고도 남아돈다는 것을 의미한다. 그렇다면 돈을 뜻하는 '금'이 뒤에 붙은 잉여금은 돈이 남아도는 것으로 이해해도 무방하다. 재무제표를 보면 자본잉여금과 이익잉여금으로 구분되어 있는데, 둘 다 남아돌았다는 것이 맞다. 그중 하나는 자본(자본거래 포함)을 태생으로 해서 남아돈 금액을 말하고, 이익잉여금은 손익거래를 원천으로 해서 쓰고 남은 돈이다.

   손익계산서 맨 아랫단을 보면 당기순이익이 나온다. 회사가 당기에 사업을 해서 매출을 올리고 각종 경비, 이자비용, 법인세까지 모두 내고 난 뒤, 순수하게 남은 돈을 말한다. 개인이 장사하고 이것저것 다 떼고 남았다는 돈과 동일하다.

자본	주석 번호				
I. 자본금	18		897,514		897,514
1. 우선주자본금		119,467		119,467	
2. 보통주자본금		778,047		778,047	
II. 주식발행초과금			4,403,893		4,403,893
III. 이익잉여금	19		188,774,335		178,284,102
IV. 기타자본항목	20		(882,010)		(268,785)
자본총계			1,93,193,732		183,316,724
부채와 자본통계			251,112,184		229,664,427

이 잉여금으로 뭘 할까? 번 돈은 원래 전부 주인(주주)한테 주는 것이 맞다. 경영진은 배당이든 뭐든 다양한 방법으로 주주들에게 혜택이 돌아가게 해야 한다. 그런데 주주들은 대부분 지금의 100원보다는 몇 년 뒤의 1,000원을 원하는 경우가 많다. 그래서 이 잉여금을 전부 배당하기보다는 미래의 투자와 기존 설비 교체, 신사업 추진 등을 위해 남겨두는 것을 허용 또는 묵인한다.

돈을 잘 버는 기업을 보면 대부분이 잉여금이 엄청 쌓여 있다. 뭔가 든든하다. 몇 년 손실이 나더라도 이제까지 벌어 놓은 돈이 있기에 자본잠식 가능성이 거의 없다. 하지만 주주 입장에서는 배당도 없고, 번 돈으로 신사업 추진도 하지 않은 채 현금을 쌓아 두는 기업이 싫을 수밖에 없다. 그래서 매년 정기주주총회를 열어 잉여금 처분에 대한 결의를 한다. 이 결의를 통해 배당은 얼마를 하고 유보는 어떻게 한다는 내용이 전체 주주에게 전달되고 동의를 얻는다.

예전에는 이익잉여금처분계산서가 재무제표에 포함되어 있어 맨 앞장에 처분 내역을 명확하고 자세히 확인이 가능했으나 이제는 자본변동표가 이를 대신하고 처분 내역은 주석사항을 살펴봐야 한다. 귀찮기는 하지만 정보의 내용은 동일하니 필요한 사항은 주석을 참고하기 바란다.

이익이 나는 대신 손실이 나면 재무제표에 어떻게 표시될까? 그때는 이익잉여금이 아닌 결손금이라는 계정과목으로 해서 자본의 차감항목으로 표시한다. 결손금이 커지면 커질수록 자본총계는 쪼그라든다.

A항공 재무제표(단위: 원) 예			
자본	주석 번호		
자본금	21	372,058,820,000	372,058,820,000
자본잉여금	22	1,162,681,952,558	1,989,937,034,518
기타자본구성요소	22	(30,228,910,487)	(30,695,892,460)
기타포괄손익누계액	23	48,374,462,367	49,281,292,477
결손금	24	(1,035,415,070,036)	(1,523,814,579,392)
자본총계		(1,035,415,070,036)	856,766,678,476
부채와 자본통계		12,327,952,017,784	12,370,011,442,153

상기 그림은 A항공의 최근 재무상태표인데 실적 악화 등으로 인해 당기순손실이 큰 폭으로 확대됐고, 급기야 잉여금이 아닌 결손금이 1조 원으로 표시되어 있다. 자본총계에서 1조 원을 갉아먹은 상태라는 것이다. 반면 앞에 표시된 삼성전자 재무상태표를 보면 이익잉여금이 188조 원이다. 주주에게 배당하고 나서도 188조 원이 남아 있다. 누가 돈을 잘 버는지는 잉여금 수준을 봐도 알 수 있다.

매출채권과 미수금 차이

외상으로 제품을 팔았다면 매출채권으로 처리하면 되지만, 사업을 접고 다른 사업을 하기 위해 관련 자산을 팔고 매매 대금을 아직 못 받았다면 미수금으로 처리해야 한다.

매출채권은 언제 생기는 것일까? 매출과 채권이 합쳐진 단어라는 점에 비추어 볼 때 매출을 원인으로 발생하는 채권이라고 짐작할 수 있다. 채권은 받을 돈이다. 지금 당장 현금으로 받지는 못하지만 빠른 시일 내 현금으로 받을 수 있는 권리라는 것이다.

사전적으로 정의하면 기업의 정상적인 영업활동에서 재화의 판매나 용역의 제공을 통한 수익창출활동으로 발생한 채권이다.

외상이라고 들어 봤을 것이다. 동네 술집에 가서 외상으로 달아 놓고 나중에 갚는 것처럼 기업 간 거래에 있어서는 외상이 일상이다. 미리 제품이나 원재료를 가져오고 돈은 나중에 주는 것이다. 이런 거래로 인해 발생하는 계정과목이 매출채권의 일종인 외상매출금이다. 매출금은 맞는데 외상인 매출금을 말하는 것으로 매출채권으로 분류된다.

그렇다면 받을어음은 무엇인가? 받을어음도 매출채권에 속한다. 다만 현금 대신 어음으로 받은 것이다. 기업은 본능적으로 최대한 돈을 늦게 주고 싶어 한다. 빨리 돈을 주면 그만큼 자금이 달린다. 그래서 현금 대신 어음으로 주는 것이다. 만기에 이르면 어음은 계좌로 현금 입금이 되는데, 돈이 부족한 기업들은 어음을 미리 할인(은행에 팔아서)해서 현금을 먼저 받아가곤 한다.

어음은 돈이 당장 부족한 기업들도 열심히 거래활동을 할 수 있기 때문에 상거래 활성화 측면에서는 상당히 좋은 제도다. 그러나 협상력이 상대적으로 부족한 중소기업 입장에서는 울며 겨자 먹기로 현금 대신 어음을 받아 갈 수밖에 없는 불편한 진실이 있다. 만기가 정해져 있기 때문에 자금계획이 가능하기는 하나 무엇보다 제일 좋은 것은 현금이다.

참 희한한 것이 시장 내의 경쟁우위가 그대로 이런 상거래 활동을 위한 거래 수단의 결정에 영향을 준다는 것이다. 내가 경쟁우위에 있으면 그 힘으로 가격을 싸게 하거나 대부분은 현금으로 거래할 수 있는 반면 내가 경쟁 열위에 있으면 빨리 대금을 결제받는다고 하더라도 대부분 어음으로 받는 것이다. 돈이 필요할 경우 금융기관에 소정의 수수료를 줘가면서 어음을 할인해야 함에도 어쩔 수 없다. 이렇게 상거래 등 매출 활동을 통해 현금으로 받을 수 있는 권리를 총칭한 계정과목이 매출채권이라고 보면 된다.

그렇다면 미수금은 또 뭔가? 미수금도 내가 받을 돈이긴 하나 아직 받지 못한 돈(?)으로 이해하면 되는데, 이런 미수금은 매출 활동을 제외한 다른 활동으로 발생한 것이다. 예를 들어 회사 자금이 부족해서 보유했던 건물을 매각했는데 아직 계약금과 중도금만 받고 잔금은 받지 않았다고 할 때 해당 잔금을 미수금으로 계상하는 것이다.

한편 건설업에서는 매출채권 대신에 공사 미수금이라는 계정과목을 쓰는데 이것은 매출채권의 일종으로 미수금과는 결을 달리한다.

정리해보면 붕어빵을 파는 가게에서 외상으로 누군가에게 팔았다면 매출채권으로 계상하고, 붕어빵 사업을 접고 다른 사업을 하기 위해 붕어빵 기계를 팔고 매매 대금을 아직 못 받았다면 미수금으로 계상하면 된다.

영업이익과 당기순이익의 차이

영업이익은 회사가 영위하고 있는 사업 자체의 수익성을 보여주고, 당기순이익은 기업 자체의 수익성을 나타낸다.

영업이익과 당기순이익 중 어떤 것이 더 중요한가? 왜 이런 이익을 구분해서 보여주는 것인가? 손익계산서를 처음 접하거나 익숙하지 않는 사람에게 있어서는 원초적인 궁금함일 것이다. 감은 있는데 그래도 확실하게 잘 모르는 사람들이 많다.

그런 사람들을 위해 최대한 쉽게 설명해보자면 영업이익은 회사가 돈을 벌기 위해 벌려 놓은 사업으로 벌어들인 이익이다. 노트북을 만드는 것을 목적으로 설립된 회사는 노트북을 만들어서 판 것으로 벌어들인 이익의 합계이고, 스타벅스처럼 커피 등 음료를 파는

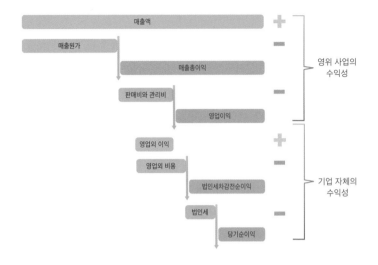

것을 목적으로 설립된 회사는 커피를 만들어 판 것으로 벌어들인 이익의 합계이다.

반면 당기순이익은 똑같은 사업을 영위하고 동일한 이익을 벌어들인다고 하더라도 사업을 시작하기 위해 조달한 자금의 구성내역 등에 따라 달라진다. 예를 들어 돈이 많은 사업가는 자기 돈만으로 투자해서 사업을 시작했을 텐데 돈이 없는 사업가는 은행으로부터 돈을 빌려서 사업을 했을 것이다. 이때 후자는 이자비용을 많이 부담했을 것이다. 이 이자비용이 영업외비용으로 반영되어 전자보다 당기순이익이 적을 것이다.

그리고 동일한 제품(판매이익 동일)을 생산해서 판매하는 두 회사가 있는데, 한 회사는 국내에서만 판매해 이익을 올리고, 다른 회사는 전부 수출한다고 가정해보자. 똑같은 제품과 똑같은 수량을 판매했다고 하더라도 환율 등으로 인해 당기순이익 자체가 달라진다. 여기에서도 동일한 조건과 시기에 판매했다고 가정한다면 환율이 같기 때문에 영업이익은 두 회사가 동일하다. 다만 판매대금의 회수 시기 등이 다를 경우, 회수 시점의 환율 변동 등으로 인해 당기순이익이 달라지는 것이다.

물론 똑같은 제품을 만들고 동일한 수량을 판매했다고 하더라도 회사의 재고보유 정책, 감가상각 정책, 생산성 등이 다를 경우에는 영업손익도 당연히 다를 수 있겠으나 그런 세세한 부분은 제외하고 생각해 본다면 영업이익과 당기순이익은 확실하게 구분된다.

따라서 영업이익까지는 영위하고 있는 사업 아이템의 원초적 수익성을 나타낸다고 보면 되고 당기순이익은 이 회사의 사업 아이템뿐만 아니라 재무구조와 사업환경 등 모든 상황이 반영된 후 최종적으로 남은 이익으로서 오로지 주주들만이 가져갈 수 있는 몫이다.

그렇다면 어떤 것이 더 중요할까? 나는 이익의 지속가능성 등을 고려해서 영업이익이 더 중요하다고 보긴 하지만, 아무래도 정보이용자가 누구냐에 따라 달라진다고 보는 것이 맞다. 주주나 투자자입장에서는 이자비용하고 법인세까지 계산된 당기순이익에 더 관심을 가질 것이고, 채권자 입장에서는 이자보상배율을 계산함에 있어서 필요한 영업이익이 더 중요할 것이다.

다만 당기순이익 계산시 반영되는 영업외손익에는 비경상적으로 발생한 비용이나 수익이 포함되어 있을 수 있기 때문에 기업 자체의 수익성을 온전히 대변한다고는 볼 수 없다. 그러므로 당기순이익으로 기업의 수익성을 판단할 때는 반드시 영업외손익에 포함되어 있는 세부 항목을 살펴보고 과거 발생 빈도와 추이 등을 고려해야 할 것이다.

영업이익과 현금영업이익 차이

감가상각비 규모에 따라 손익계산서에서는 영업손실이 났더라도 현금으로는 이익이 남을 수 있다.

A회사는 도매를 주 영업으로 하는 곳으로 900억 원짜리의 토지 및 건물과 100억 짜리 기계장치 등을 구매해 상품 매출을 올린다고 하고, B회사는 500억 원짜리 토지 및 건물과 500억 원짜리 기계설비를 구비한 후 제품을 제조해 제품 매출을 올린다고 하자.

A회사는 도매를 통해 올린 100억 원의 매출에서 관련 원가 및 판관비를 90억 원(건물 감가상각비 10억 원 가정)을 차감할 경우, 10억 원이 손익계산서상 이익으로 계상된다. B회사의 경우 제품 판매로 발생한 100억 원의 매출에서 각종 원가, 판관비(건물 및 기계설비 감가상각

비 50억 원 가정) 90억 원을 차감할 경우, A회사와 동일한 10억 원의 이익을 계상한다. 이렇게 A사와 B사가 동일한 매출액과 동일한 이익을 올렸다고 가정할 때 실제 판매를 통해 현금은 각각 얼마가 쌓였을까? 그리고 어느 회사가 더 많을까?

A회사와 B회사의 영업이익과 현금영업이익 비교 예

(단위 : 억원)

구분 영위업종	A회사 도매업	B회사 제조업
최초투자액	1,000	1,000
토지/건물	900	500
기계장치 등	100	500
영업수익	100	100
영업비용	90	90
영업이익	10	10
영업이익률	10%	10%
감가상각비	10	50
현금영업이익	20	60
현금영업이익률	20%	60%

해답은 당연히 B회사다. 두 회사 모두 재무제표에는 동일한 매출액 100억 원, 이익 10억 원이 표시되지만, B회사는 감가상각이라는 비현금 유출 비용이 A회사에 비해 40억 원이 더 반영되어 있으므로 실제 회사 내부에 쌓이는 현금은 B회사가 40억 원이 더 많은 것이다. (여기서 주의해야 할 부분이 있다. 만약 B회사의 제품 생산을 위해 기계설비 교체주기가 잦을 경우에는 오히려 A회사의 현금흐름이 좋을 수도 있다.)

쉽게 설명해보자면, 감가상각비는 당기에 실제 현금으로 지불해서 발생한 비용이 아니다. 이미 건물이나 기계장치로 예전에 현금을 지불하고 취득한 자산을 매년 일정한 방법으로 나누어 비용으로 인식하는 것이다.

A회사의 경우 비용 대부분이 거래처에 실제 지불한 반면, B회사는 이미 지불했던 건물, 기계장치 감가상각비를 제외하고는 40억(90억 - 50억) 원밖에 실제로 지불하지 않았던 것이다. 그래서 A회사는 100억 원 매출을 올리며 이것저것 현금으로 비용 지불하면서 10억 원밖에 쌓이지 않았던 것이고, B회사는 50억 원이 쌓였음에도 손익계산서상 이익으로는 10억 원이 표시된 것이다.

이처럼 손익계산서 상의 이익이 실질적인 회사의 수익성을 완전하게 표현하지 못할 수도 있다는 점을 항상 염두에 두어야 한다.

손익계산서는 매출 인식 시점과 제품 생산 시점 등의 시점의 차이를 적절히 조화시켜 수익과 비용을 대응시키는 측면에서 유용한 정보를 제공해 실질적인 회사의 수익성을 파악할 수 있게 하나 그만큼 현금유입/유출이 발생하지 않은 매출과 비용을 표시해 정보이용자로 하여금 정보를 곡해할 수 있다.

그래서 회사의 재무제표는 설령 귀찮다 하더라도 재무상태표, 손익계산서, 현금흐름표를 동시에 보아야 한다. 재무상태표의 계정별 잔액은 손익계산서에 표시되는 수익/매출의 변동에 따라 움직이게 되고, 현금흐름표는 재무상태표의 계정 잔액의 변동에 따라 변한다는 점을 항상 고려해야 할 것이다.

제품매출, 상품매출,
수수료매출 차이

제품매출은 판매할 제품을 만들어서 팔 때 올린 매출을 말하고, 상품매출은 판매할 제품을 사서 팔 때 올린 매출을 말한다. 수수료매출은 만들거나 사는 것 없이 대행만 해줄 때 올린 매출이다.

어떻게 보면 정말 쉬운 개념이다. 그러나 쉬운 개념이라는 것은 회계학을 전공하거나 어느 정도 재무제표를 볼 수 있는 사람들에게만 해당하는 것이지, 대부분의 사람은 제품매출과 상품매출을 헷갈려 한다. 주변 친구들에게 물어봐도 헷갈려 하기는 마찬가지였다. 그래서 명확하게 개념 정리를 해보고자 한다.

먼저 제품이란 한자로 보면 만들어진(製, 지을 제) 물건(品, 물건 품)이라는 뜻이다. 원재료를 사용하든 어디에서 필요한 부품 등을 사와서 직접 시간과 노력을 들여 만든 다른 형태의 물건을 말하는 것이다.

반도체를 예로 들어볼까? 반도체를 생산하기 위해선 실리콘, 희토류 등 원재료가 필요할 뿐만 아니라 대형 생산설비의 도입이 필수적이다. 설계, 연구개발 등의 엔지니어링 기술은 지속적으로 개발해야 한다. 이렇게 다양한 형태의 활동이 집약되어서 반도체라는 제품이 만들어지는데 이 반도체라는 제품을 활용해 컴퓨터나 자동차 등또 다른 제품도 만들 수 있다. 그렇기 때문에 제품의 영역은 무한대로 늘어날 수 있다. 제품을 사 와서 바로 팔지 않고 어떤 활동을 통해 변화가 발생했고, 이후에 판매한다면 다른 형태의 제품이라고 볼수 있는 것이다.

그럼 게임회사의 매출은 무슨 매출일까? 당연히 제품매출이다. 회사의 주력 제품은 모바일 게임, PC 또는 콘솔 게임이다. 그렇기 때문에 이런 개발 게임으로부터 매출이 발생할 경우에는 전부 제품매출인 것이다.

상품은 뭘까. 한자로는 거래된(商, 장사 상) 물건(品, 물건 품)이라는 뜻이다. 상인들이 판매하는 물건을 말한다. 상인들은 자신들이 판매하는 물건을 직접 만들지 못한다. 그저 현란한 말솜씨나 마케팅 기법 등을 활용해 오로지 판매하는 것에 집중한다.

소비자 가격이 1,000원이라면 500원에 물건을 떼어와서 500원의 마진을 남기곤 한다. 물론 판매하기 위해 쓰인 인건비, 교통비 등을 제하고 나면 100원 정도 남을 것이다. 물론 떼어온 물건이 다 팔리지 않으면 손해를 볼 수도 있다.

과거 삼성물산, LG상사 같은 업체들이 다 이런 상품매출로 먹고 사는 회사라고 볼 수 있다. 판매할 수 있는 다양한 물건들을 개발 또는 발견한 뒤 적극적으로 국내외 판로개척 등을 통해 열심히 매출을 올리는 것이 주된 사업영역이다. 이들은 여태까지 쌓아온 경험과 다양한 거래처와의 관계(Relationship) 등을 이용해 누구보다도 쉽게 판매할 수 있다는 자부심이 있다.

제조업체의 경우 자신들의 제품을 쉽게 팔아주고 재고 부담도 덜어주니 이런 회사들이 있어 너무 좋다. 그래서 자신들이 직접 판매하는 가격보다 당연히 싸게 판다. 왜냐하면 파는 사람들도 마진이 있어야 열심히 제품을 팔려고 노력할 것이기 때문이다.

어떨 때는 재고를 없애기 위해 울며 겨자 먹기로 헐값에 팔 경우도 있다. 당장은 손해일 수도 있으나 나중에 팔지 못해 계속적으로 지출하는 보관비용이나 처리 비용 등을 생각한다면 훨씬 이익이다. 그래서 판매자와의 대규모 거래 계약을 통해 제품 재고를 판매자의 창고로 싸게 넘겨버리곤 한다.

이 경우 일반적으로는 판매자 창고로 넘겨버린 제품에 발생되는 모든 위험이 판매자로 귀속된다. 이 경우에는 당연히 생산업체는 판매와 동시에 제품매출을 계상할 수 있다. 여기서 모든 위험에는 진부화로 인한 미판매위험, 화재위험 등이 있을 수 있는데, 거래 계약이 이뤄지고 나서는 모든 책임이 판매 업체에 있어야만 제품 매출로 계상할 수 있다는 것이다.

그렇지 않고 단순히 판매자가 생산자가 생산한 제품의 판매만 대행할 뿐 모든 제품의 위험이 여전히 생산자에 있을 경우에는 판매 대상 제품의 위치가 판매자의 창고로 이전됐다고 하더라도 제품 매출로 계상할 수 없다.

뿐만 아니라 판매자의 경우에도 판매 시 상품매출로 계상하는 것이 아닌 생산자와 계약 조건에 따라 매출액의 일정 퍼센트만 수수료 매출로 계상해야 하는 것이다. 그저 판매만 대행했을 뿐 직접 물건을 떼어온 것이 아니기 때문이다.

이런 다양한 이해관계 등이 맞아떨어져서 판매자와 생산자와의 거래가 이루어지고 우리와 같은 최종소비자들은 판매자가 개설

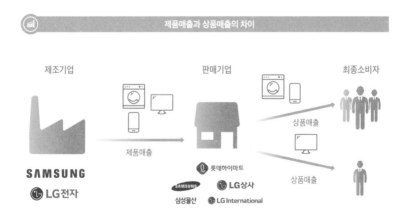

제품매출과 상품매출의 차이

한 다양한 사이트(온라인 또는 오프라인)에 가서 구매하는 것이다. 이런 구매가 이뤄지고 판매자의 매출이 올라갈 때 그때 상품매출이 계상된다.

정리하면 삼성전자가 주력 휴대폰인 갤럭시나 QLED TV, 비스포크 냉장고를 직접 판매할 경우에는 제품매출로 계상된다. 반면 롯데하이마트가 삼성전자에 삼성 갤럭시나 QELD TV를 일정수량을 정해서 주문한 뒤 창고에 쌓아서 판매한다면 롯데하이마트 입장에서는 상품매출로 계상해야 한다.

그런데 만약 롯데하이마트가 온라인으로 제품 주문만 받고 제품 발송이나 제품 창고 운용 등은 삼성전자가 직접할 때 롯데하이마트는 그저 판매 대행 수수료 매출만 계상해야 한다. 이렇게 똑같은 물건을 판매한다고 하더라도 판매자가 누구냐에 따라 매출의 형태는 달라진다.

감가상각방법 정액법과
정률법 차이

감가상각비는 일시불을 구독형으로 바꿔주는 행위의 결과물이다. 건물도 기계장치도 그 사용성이 일정 수준 이하로 떨어질 때까지의 기간 동안 구독한다고 가정해 일시불로 지급한 금액을 나눠서 뿌려주는 것이라고 이해하는 것이 가장 쉽다.

이걸 굳이 어렵게 이야기한다면 제조 등에 필요한 유형자산의 구입으로 지출한 비용은 향후 일정 기간 동안 매출에 기여하므로 매출이 발생하는 기간 동안 비용을 합리적으로 배분하는 것이 합리적이라는 것이다. 이걸 수익비용 대응의 원칙이라고 하는데, 이것 때문에 기업회계기준이 발생주의에 따른다.

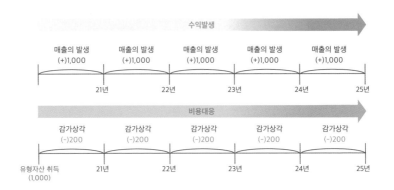

대표적인 감가상각방법으로는 정액법과 정률법이 있다. 먼저 정액법은 매 회계연도 균등(똑같은 금액으로)하게 상각하는 방법을 말한다. 그림처럼 일정한 기간 동안 동일한 금액만큼 감가상각비로 보아 비용처리를 하는 것이다.

반면 정률법은 매년 일정한 비율만큼 반영해서 상각비를 계산하는 방법이다. 일종의 가속상각으로서 상각 초기 연도에 많은 금액을 상각할 수 있다. 매년 상각 후 남은 잔여금액에 대해 일정률을 곱하는 방법이기 때문에 시간이 경과할수록 상각비는 급격하게 줄어든다.

그림을 보면 정액법과 정률법을 활용한 감가상각비(DEP, Depreciation) 차이를 확연하게 알 수 있다. 일반적으로 정률법은 취득 초기에 회사의 수익활동에 상당한 기여를 하고, 시간이 흐를수록 그

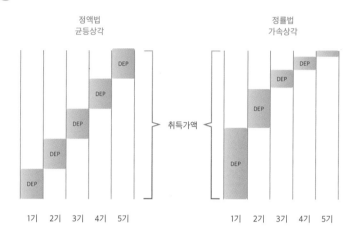

기여도가 반감되는 성격의 자산에 적용된다. 주로 기계장치와 같은 자산에 적용하곤 하는데, 최근에는 이마저도 정률법보다 정액법을 사용하는 곳이 많아지고 있다.

최근에는 기계장치를 포함해 다양한 형태의 자산들의 교체주기가 빨라지고 있어 가속상각에 따른 장점이 사라지고 있다. 가속상각을 한들 신규 장비 또는 기계장치를 또 취득해서 상각해야 하니 결국 정액법과 동일한 효과를 보여줄 수밖에 없는 현실이다.

이 밖에도 자산의 실질을 반영하는 다양한 감가상각방법(합리적일 경우)을 적용할 수 있으나 대부분의 기업이 정액법과 정률법을 사용하는 것만 알아 두면 좋을 듯하다. 그리고 내용연수란 것이 있는데 기업이 취득한 자산을 사용할 수 있는 기한을 말하고 해당 내용연수만큼 나누어 상각이 이루어진다. 정액법이고 내용연수가 5년이라면 취득가액에서 5를 나누어 감가상각비를 구하면 된다.

기업은 내용연수를 합리적으로 추정해서 상각을 하나 현실적으로 내용연수가 지나도 사용하는 경우가 많다. 각각의 설비에 대해 정확한 내용연수를 산정해서 상각비를 반영하는 것이 가장 베스트다. 그러나 너무 정확한 내용연수를 산정하고자 한 나머지 들쭉날쭉 내용연수로 어렵게 관리하면 오히려 제대로 된 감가상각비가 산출되지 않을 수 있다. 따라서 큰 분류로 나누어 일정하게 정해진 룰에 따라서 동일한 내용연수를 일관되게 적용하는 것이 보다 합리적이다.

나쁜 회사 재무제표

제조원가와 판매비와
관리비 차이

제조원가는 만드는 데 직접적으로나 간접적으로 소요되는 비용이고, 판매비와관리비는 생산한 제품이나 구매한 상품 등을 잘 팔기 위해 들어가는 비용과 기업을 운영하기 위해 관리목적으로 들어간 비용을 말한다.

일단 명칭부터 다르기 때문에 차이가 있다는 것은 대부분 알 것이다. 그런데 왜 어떤 것은 판매비와관리비(이하 판관비)로 분류하고, 어떤 것은 제조원가(매출원가)로 분류하는 것일까? 그냥 한데 뭉쳐서 원가라고 표기하면 안 되는 것인가?

제조원가와 판관비 둘 다 영업비용인 것은 같다. 매출액은 영업수익의 일종이라 영업수익에서 영업비용(제조원가와 판관비)을 차감하

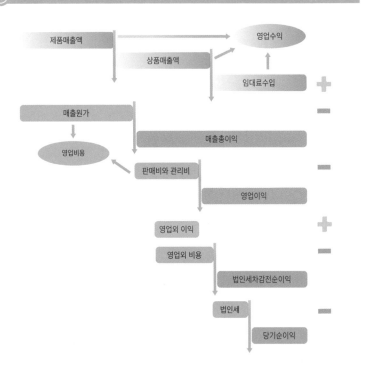

제품매출액

영업수익

상품매출액

임대료수입

＋

매출원가

－

매출총이익

영업비용

판매비와 관리비

－

영업이익

영업외 이익

＋

영업외 비용

－

법인세차감전순이익

법인세

－

당기순이익

면 영업이익이 나온다. 제조원가는 말 그대로 제조하는 데 드는 원가
다. 아이패드라는 제품을 예로 들자면 이것을 만드는 데 드는 각종
재료비(디스플레이, 램, 회로기판 등)와 인건비(폭스콘에서 조립하는 직원 등)
등이 주로 메인 제조원가를 구성한다.

　반면 판매비와관리비는 애플에서 지출하는 광고비와 매번 신제
품 발표회를 위한 각종 지출비용 등이 대표적인데 주로 회사에서 만
드는 제품을 판매하기 위해 필요한 활동에 드는 비용이라고 보면 이

해하기 쉬울 듯하다.

그러면 애플의 CEO인 팀쿡에 지불하는 인건비는 어디에 표기될까? 그가 애플 제조공장의 공장장의 역할만 한다면 제조원가의 일부를 구성하는 것이 맞지만, 팀쿡은 애플 전체를 대표하고 각종 중요한 의사결정을 하는 역할을 하기 때문에 제조원가보다는 판관비로 분류하는 것이 맞을 것이다. 왜냐하면 애플이라는 회사를 잘 굴러가게 하는 것이 팀쿡의 주된 역할이기에 이는 제조활동과는 약간 거리가 있기 때문이다.

정리하자면 판매비와관리비는 생산한 제품이나 판매하기 위해 구매한 상품 등을 잘 팔기 위해 들어가는 비용이다. 영업 및 마케팅 직원들에게 지불하는 각종 비용과 접대비, 광고비, 지급수수료 등이 대표적인 판매비다.

관리비는 기업을 관리하기 위해 지출하는 비용으로 윤활유 같은 역할을 하는 각종 구성원 또는 조직에 들어가는 비용이다. 일종의 간접비 성격이 강한데 주로 총무와 인사팀, 회계팀, 전산팀, 기획팀에 들어가는 비용과 세금과공과, 임차료 등이 대표적이다.

솔직히 이런 판매비와관리비는 기업의 규모에 따라 들어가는 비중이 비슷하다. 예를 들어 1,000억 원짜리 기업과 1조 원짜리 기업에 들어가는 판매비와관리비의 매출액 대비 비중은 다르나 유사한 규모(1,000억~3,000억 원)의 기업들의 매출액 대비 판관비 비중은 동종산업군일 경우 거의 유사할 것이다.

따라서, 만약 인수 대상으로 생각하는 회사의 판관비 비중이 타 동종업계 유사 기업의 비중 대비 과다한지 확인이 가능하다면 추후 인수 이후 구조조정을 통해 이익을 확대할 수 있을 것이다.

손익계산서와
포괄손익계산서 차이

손익계산서면 손익계산서지 포괄손익계산서는 또 뭘까? 이렇게 생각하는 분들 많을 것이다. 어찌 보면 당연한 반응이다. 포괄이라는 단어가 붙으니까 뭔가 특별하고 복잡해 보인다. 그런데 실상은 아주 간단한 개념이다.

기존에 알고 있었던 손익계산서에 기타포괄손익(미실현이익)만 더해준 손익계산서라고 이해하면 된다. 왜 이런 개념이 나왔냐고 물어본다면 수익과 비용의 개념 때문이라고 할까?

회계기준 상 기본 개념에서의 수익이라는 것은 자본거래를 통해 벌어들인 이익을 제외한 모든 거래로부터 발생한 순자산 증가를 말하며, 반대의 개념으로 순자산 감소를 비용이라고 한다. 그렇다면 순자산을 증가시키긴 하는데 손익계산서 상의 당기순손익에 영향을 미치지 않는 것은 어떤 것이 있을까?

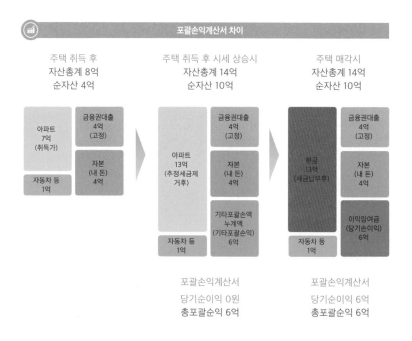

대표적인 것이 매도가능증권평가이익이다. 이 평가이익은 매도

가능증권의 장부가를 증가시켜 주긴 하는데 손익계산서상의 이익으로 표시되지 않는다. 기타포괄손익으로 분류해 별도로 표시되어 왔다. 왜냐하면 아직 실현되지 않는 손익으로 봤기 때문이다. 이런 항목은 증감에 따라 손익계산서를 타서 잉여금으로 반영되는 것이 아닌 별도 기타포괄손익누계액으로 표시해 자본에 직접 가감한다.

어찌 됐든 손익계산서에는 영향을 미치지는 않으나 순자산에 영향을 미치는 것은 동일하니 개념 체계상의 수익과 비용은 맞다. 그래서 이러한 모든 이익과 비용을 정보이용자에게 전달하기 위해 포괄손익계산서로 표시해서 보고하는 것이다.

"주주를 비롯한 이해관계자님, 우리 회사의 순자산이 전기 대비 100원이 증가했는데 이중 80원은 사업을 통해 실제로 벌어들인 당기순이익이고, 나머지 20원은 보유하고 있는 유가증권의 평가이익이 20원 증가한 것에 기인합니다."

내가 소유하고 있는 집값도 시세가 오르면 장부가도 올라간다. 그런데 실제 내가 팔아 치우지 않는 이상 내가 직접 실현한 당기순이익이 아닌 것이다. 기타포괄손익누계액으로 해서 미실현이익으로 자본에 계상할 뿐 이도 저도 아니다.

부록

❷ 나쁜 회사가 두려워하는 상장폐지 요건

상장폐지 요건
제대로 알기

Closed

매출액 기준

　매출액은 상장폐지 여부를 결정하는 매우 중요한 항목이다. 상장폐지는 주식투자를 하는 사람한테는 분명 두려운 존재다. 그런데 사람들은 대부분 상장폐지하고 나하고는 상관이 없다고 생각하고 제대로 알려 하지 않는다.

　하긴 나도 내가 투자한 주식이 상장폐지 될 위기에 있었음에도 '잘 될 거야'하는 마음으로 버텨오다가 피 같은 연봉을 다 날렸던 적이 있다. 그때 그 참담함이란 이루 말할 수 없었다. 그때의 나는 그냥 무식하게 용감한 바보였다. 그래서 나는 상장폐지라는 걸 어떻게든 쉽게 설명하고 싶다. 조금만 신경 쓰면 피할 수 있고, 피 같은 내 돈을 충분히 지킬 수 있다는 것을 알려주고 싶다.

먼저 기업의 삶에 있어 가장 중요한 게 뭘까? '돈벌이'다. 돈을 벌어야 그 돈으로 인건비도 주고 제품 만들 재료도 사고, 기계도 살 것이다. 이런 돈벌이를 기업은 매출이라고 부르는데 상식적으로 봐도 매출액이 발생하지 않는 기업은 존속할 수 없다.

매출이 적은 회사는 돈을 벌 가능성이 희박하다는 것이고, 존속가치도 거의 없다. 이런 회사에 투자하는 것 자체가 큰 리스크다. 신규 사업이다 뭐다 해서 지금 당장은 어렵더라도 가까운 미래에 매출이 발생할 것이라는 장밋빛 예상으로 많은 주주를 유혹하지만, 매출이 안 나오는 회사는 일단 투자 대상에서 배제하는 것이 맞다.

다만, 바이오기업이나 플랫폼 사업체 등으로 대표되는 특례상장 기업들은 예외다. 기술력, 사업성 등이 뛰어난 것으로 인정되어 당장의 매출 시현이 안 되지만, 상장 이후 성장성이 기대되는 기업의 경우 당장 매출이 없더라도, 상장심사 통과나 상장유지가 가능하기 때문이다.

상장폐지 시스템은 '원 스트라이크 아웃'이 아니다. 일단 옐로카드를 주고 나서 한 번 더 받으면 상장폐지가 되는 시스템이다. 그리고 코스피는 쉽게 말해 큰 기업 위주로 모여 있고 코스닥은 작은 기업 위주로 모여 있는 곳이라고 이해하면 된다. 그래서 상장폐지 요건도 각 시장 규모에 맞게 맞춤형으로 설정되어 있다.

상장폐지 대상이 되는 기준 매출액은 코스피 상장 기업은 50억원, 코스닥 상장 기업은 30억 원이다. 다만 50억/30억 원 밑으로 내

려갔다고 해서 바로 퇴출되는 것이 아니고, 옐로우카드를 받은 후 관리종목으로 편입된 다음에 50억(30억) 원 위로만 올라가면 상장폐지는 모면할 수 있다.

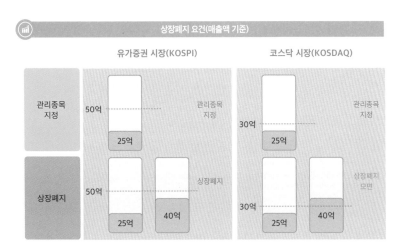

극단적인 예를 들어 설명해보겠다. 코스피나 코스닥시장 모두 경고(관리종목 지정)를 일단 받은 뒤 관리종목으로 지정된 해에 40억 원 매출을 올린 경우, 코스닥 상장기업은 매출 기준액(30억 원)을 넘겼기에 상장폐지 대상에서 제외되는 반면 코스피 상장기업은 매출 기준액(50억 원)을 넘지 못했기 때문에 상장폐지 대상이 되는 것이다. 정리하면 아래와 같다.

첫째, 기준으로 정해 놓은 매출액에 미달하는 회사에는 일단 경고를 준다.

둘째, 한 번 더 경고받으면 레드카드 받고 시장에서 퇴출된다.

셋째, 매출액 기준 금액은 코스닥은 30억 원, 코스피는 50억 원이다.

따라서 관리종목으로 지정되어 있는 회사 중에 3분기까지 매출액이 기준 매출액에 미달하는 기업은 조심하자. 그리고 관리종목은 왜 관리라고 딱지를 붙여 놓겠는가? 아예 투자처로는 쳐다도 보지 말자.

법인세차감전계속사업손실 기준

　상장폐지 대상으로 '손실 기준'을 적용하는 곳은 코스닥 상장 기업에 한정된다. 특례 상장의 경우에는 달리 적용되나 설명의 단순화를 위해 추후 기술하도록 하겠다.

　손실이라는 것은 기업이 한 번쯤 앓는 감기와 같다. 감기라도 코로나19 바이러스는 체력이 약한 사람들에게 치명적인 것처럼 상대적으로 체력이 약한 코스닥 상장 기업인 경우에는 손실 여부가 생존을 가늠하는 중요한 잣대가 된다.

　상장폐지라는 제도를 시행하는 것은 혹시나 망할 기업이 시장 내 존재하면서 주식을 사고 팔거나 주식을 발행해서 자금을 조달하는 상황을 막기 위해서다. 망할 기업의 주식은 아예 상장되어 있지 않도록 해야 투자자들이 주식 자체를 사고팔 기회조차 얻지 못한다.

매출을 못 올려도 기업이 제구실을 못하는 것이고, 매출이 아무리 크다 하더라도 손실이 많이 나는 것도 문제다. 왜냐하면 주주 및 채권자들로부터 자금을 받아 놓고 사업을 했는데 매출이 올라가도 손실만 계속 나게 되면 결국 회사가 부도가 나거나 망할 가능성이 높아지기 때문이다.

투자했는데 회사가 망하면 주주들은 투자한 만큼 손해를 보고, 왜 이런 회사를 시장에 상장시켜 놓았냐고 하는 원망할 것이다. 그래서 애초부터 그런 가능성을 없애고자 상장폐지 조건에 손실 기준을 반영했다.

다만 그 조건이 적용되는 시장을 코스닥시장에 한정시켰다. 아무래도 코스닥시장은 비교적 변동성이 큰 중소기업이 속하므로 손실 규모에 따른 유동성 위기 등을 겪을 가능성이 크다. 코스피 상장기업은 주로 업력이 길고(위기 돌파 능력 보유) 건전한 사업구조(안정적인 매출 및 이익 창출)와 잉여금을 보유하고 있기 때문에 장기간 손실이 난다고 해서 당장 회사가 급격하게 어려워지지 않는다.

세부적인 조건을 살펴보면 자기자본(순자산, 자본총계) 대비 법인세차감전계속사업손실*의 상대적 수준을 고려한다. 먼저 최근 3

> **✅ 법인세차감전계속사업손익**
>
> 당기순이익(손실)에서 법인세비용만 반영하지 않은 손익을 말한다. 매출액 - 매출원가 - 판매비와관리비 - 영업외손익으로 구한다.

년간 자기자본의 50% 이상이고, 10억 원 이상 손실이 2번 이상 발생할 경우 옐로우카드(관리종목) 대상이 된다. 관리종목으로 편입된 이후 한 번 더 자기자본 50% 이상이면서 10억 원 이상의 손실 발생할 경우 상장폐지 대상이 된다.

정리하면 3년 연속으로 법인세차감전당기순손실은 발생해도 되는데, 그 손실 규모가 자기자본의 50% 이상 2번 이상 발생할 때 문제라는 것이다. 당기순손실이 발생하면 잉여금 감소로 자기자본이 점점 감소되기 때문에 자기자본 50% 넘는 것은 시간이 지날수록 가능성이 점점 높아진다. 물론 미리 유상증자 등을 통해 자본 확충을 하면 되나 매년 손실 나는 회사에 주주들이 쉽게 추가 자금을 태우지는 않는다.

예를 들어 자기자본(순자산, 자본총계)이 200억 원이었는데 100억 손실이 나면 순자산이 100억 원이 되고, 이후에는 50억이 나더라도 50%를 넘는다. 이런 법인세차감전계속사업손실은 이자비용 등 영업외손익도 반영되므로 차입금이 많을 경우에는 손실 확대 가능성이 더 커진다는 점을 유의해야 한다.

법인세차감전계속사업손실 발생으로 관리종목 지정된 회사에 혹시나 투자를 고려한다면 반기까지 손실이 얼마나 났는지 확인해보고, 유상증자 성공 가능성 등을 고려해 연말까지 자기자본대비 50% 넘을지도 충분히 확인해봐야 할 것이다.

영업손실 기준

일단 3년 연속 영업손실 코스닥 기업은 조심하자. 코스닥시장 상장기업이 4년 연속 영업손실을 보일 경우 관리종목으로 편입된다. 한 번 더 영업손실이 날 경우에는 상장폐지 대상이다. 정확히 말하면 상장적격성 실질심사 대상이 되는데, 확실한 의미 전달을 위해 상장폐지 대상으로 통일해서 설명하도록 하겠다.

앞서 말했다시피 코스피 상장기업은 비교적 건실하고 안정적인 재무구조를 가진 기업이므로 손실 나는 것 자체가 기업의 존속에 당장 영향을 미친다고 보지 않는다. 반면 재무구조가 상대적으로 취약하고 설립한 지 얼마 안 되어 위기 극복 능력이 검증되지 않은 코스닥 상장기업은 계속되는 영업손실이 회사가 영위하고 있는 사업

자체의 문제일 가능성이 높고 궁극적으로는 빠른 시일 내에 망할 가능성이 크다고 본다.

코스닥 상장 기업은 4년 연속 영업손실*이 날 경우에 관리종목으로 지정된다. 한 번만 더 영업손실이 발생하면 상장폐지 대상이 되기 때문에 5년 연속 영업손실 여부로 상장폐지 대상을 판단하면 된다.

✅ **영업손실**

영업외손익 등 비경상적인 이익/비용을 반영하지 않은 손익으로 매출액 - 매출원가 -판매비와관리비로 구한다.

4년 연속 영업손실로 관리종목으로 지정됐거나 3년 연속 영업손실이 발생한 코스닥 상장기업은 어떻게 할까? 필사적으로 영업이익을 내려 할 것이다. 어떤 식으로든 상장폐지 대상이나 관리종목이 되지 않도록 할 것이다. 그래서 영업손실로 관리종목에 들어온 코스

상장폐지요건: 영업손실 기준

유가증권 시장(KOSPI)	코스닥 시장(KOSDAQ)

관리종목 지정 — N/A

연속 ···· 영업손실 (-)50억 | 영업손실 (-)20억 | 영업손실 (-)60억 | 영업손실 (-)30억 → 관리종목 지정

상장폐지 — N/A

연속 ···· 관리종목 지정 → one more!! (-)5억 → 상폐

닥 상장기업은 더 위험하다.

어떤 식으로든 영업이익을 내기 위해선 매출액을 부풀리거나 없는 재고자산을 있다고 할 가능성이 있다. 이상한 기업과의 거래도 눈에 띌 수도 있다. 이는 분명 손실을 일시적으로 회피하기 위한 방편일 가능성이 크므로 분식 회계 가능성을 항상 염두에 둬야 한다.

사실 4년 연속 영업손실이 나는 회사는 특별한 기술력을 바탕으로 한 특례기업 외에는 시장에서 경쟁력을 잃어버린 회사로 봐도 무방하다. 미련을 가지지 말자. 1~2년 손실이 날 수는 있다. 그런데 4년 연속 손실 기업은 특별한 사정이 없는 한 과감하게 떠나자.

한편 한국거래소는 2022년 11월 중으로 상장 규정을 개정할 계획인데 개정이 완료될 경우 영업손실 요건이 삭제되는 등 상장폐지 요건이 전반적으로 완화될 예정이다. 영업손실이라는 일률적인 잣대를 적용해서 퇴출시키기보다는 주주 등 투자자들의 선택으로 퇴출을 결정짓는 것이 합리적이라는 의견이 반영된 결과로 생각된다. 이런 규정의 삭제는 올해 관리종목 지정이나 상장폐지 실질심사 대상이 될 수 있었던 기업에게는 희소식일 수 있으나 투자자들은 더욱더 유의해 투자에 임해야 한다는 점을 알아야 한다.

시장에서 퇴출되어야 하는 기업들이 시장에 살아남아 각종 루

머와 이슈몰이로 자본이득을 취하기 위한 수단으로 활용될 수 있다는 점을 유의해야 한다. 뿐만 아니라 상장폐지 요건으로 영업손실 규정이 사라진다 하더라도 기술특례상장 기업이 아닌 상장기업이 특별한 사정(코로나9 팬데믹 등)이 없었음에도 연속 영업손실을 4년 이상하고 있다면 이미 이 기업은 존속할 이유가 사라졌을 수 있다는 점을 투자자들은 반드시 알아야 할 것이다.

자본잠식(코스피) 기준

자본잠식을 해소하기 위해선 먼저 이익(재평가 포함)을 내야 한다. 이익을 낼 수 없으면 주주들에게 도움(유상증자 등)을 요청해야 하는데 주주들마저 외면하면 고통을 분담(유상감자)하는 수밖에 없다.

기업에서 매출액과 이익 외에 또 무엇을 중요하게 봐야 할까? 바로 보유하고 있는 시드머니 수준이다. 자기 돈도 없는데 어떻게 영업하고 인건비를 줄 것이며 사업을 유지할 수 있을 것인가. 신문, TV 등 미디어에서 자본잠식이라는 단어를 많이 보거나 들었을 것이다. 자본잠식은 쉽게 말해 주주들이 가져갈 것이 자기들이 넣은 돈보다 적어졌다는 것이다.

예를 들어 사업 자금으로 친구에게 내가 1,000만 원을 보냈는데 사업을 하다 보니 다 까먹고 500만 원만 남았다고 한다면, 500만 원이 자본잠식된 것이다. 만약 내가 보탠 돈을 다 까먹었다면 그건 완전 자본잠식이다.

이런 자본잠식 단계는 일단 회사가 위험한 상태라는 것을 알려준다. 왜냐하면 회사가 사업을 하면서 버는 돈 없이 손실만 내고 있고, 주주들도 더 이상 자금을 보태고 있지 않다는 사실을 보여주는 것이기 때문이다.

이 회사가 더 이상 장래가 기대되지 않기 때문은 아닐까? 기술력이 높은 회사나 시장 선도기업의 경우에는 손실이 계속 난다 하더라도 미래가 기대되기 때문에 시장 내에서 문제없이 자금조달이 성공적으로 이어진다. 예를 들어 쿠팡이나 마켓컬리, 쏘카와 같은 회사를 보자. 국내 상장기업이 아님에도 자금조달에 문제가 없다. 결국 문제가 되는 것은 더 이상 영위하고 있는 사업을 계속할 수 없을 가능성이 높은 기업인 경우다.

자본잠식 관련 상폐 요건도 코스피와 코스닥이 각각 기준이 다르다. 먼저 코스피시장을 살펴보면 자본잠식* 수준이 납입 자본금의 50%를 초과할 때 관리종

✔ 자본잠식

자본금(주주들로부터 받은 돈)보다 순자산(자본총계)가 적어질 경우.

목으로 지정되고, 지정 이후에도 해소되지 못할 경우에는 상장폐지가 된다.

즉 주주로부터 받은 돈을 50% 이상 유지하지 못하는 상태에 놓일 경우, 관리종목 지정으로 경고를 주고 이후 1년 동안 추가 유상증자를 하든 이익을 내든 한 번의 기회를 더 준다. 그런데 만약 주주들의 몫이 아예 없는 완전 자본잠식일 경우에는 관리종목 지정 없이 바로 상장폐지 대상이 되어버린다.

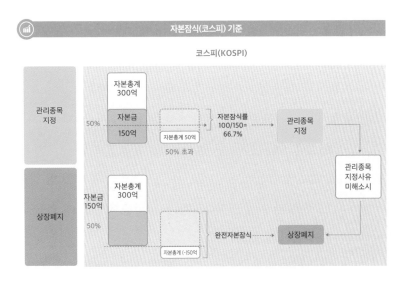

기업이 자본잠식 탈피를 위해 자본총계를 늘리려면 어떻게 해야 할까? 이익을 내면 된다. 이익을 내면 잉여금이 커지므로 자본총계가 증가한다. 이때 이익은 영업활동 등 기업 활동으로 이익(당기순이익)을 낼 수도 있고, 보유 재산을 재평가해서 이익(재평가이익)을 낼 수도 있다. 그리고 주주들로부터 돈을 타낼 수도 있다(유상증자).

그런데 아무런 장래가 안 보이는 회사라면 유상증자는 거의 불가능하다. 물론 이미 물려 있는 주주들이 헛된 희망을 갖고 유증에 참여할 수 있긴 하다. 그런데 회사가 목표로 하는 유상증자 금액을 충족시키기에는 턱없이 부족할 것이다. 그래서 회사는 상장은 유지해 놓고 보자는 일념으로 납입자본금을 줄여서 자본잠식 기준을 탈피하고자 한다. 이를 무상감자라고 한다.

자본금을 줄이면서 그냥 주주들에게 돌려주는 돈은 없이 주주가 가지고 있는 주식 수만 줄인다. "주식 10주를 주면 내가 새 주식 1주 줄게." 주식 10주가 1주가 되는 것이다. 주주는 황당하지만 이렇게라도 안 하면 상장폐지가 된다고 하니 울며 겨자 먹기로 현실을 받아들일 수밖에 없다.

나는 약 15년 전에 한 회사에 물려서 무상감자를 한번 당해봤다. 이때 무상감자를 한 기업이 실제 살아날 확률이 얼마인지 조사해보고 논문 쓰듯이 통계화시킨 적이 있었다. 결론은 거의 대부분이 상장폐지된다. 일단 투자한 회사가 무상감자를 한다고 하면, 이 회사는 가망이 없다고 생각하고 바로 탈출하자. 눈물 나고 아깝더라도 제발 탈출하자.

자본잠식(코스닥) 기준

무상감자로 자본잠식 상장폐지 요건을 회피할 수 있다.

자본잠식에서 탈피하기 위해선 이익을 내면 된다고 했다. 그런데 영업으로나 보유 토지 등 재산으로 보나 이익을 내기는 어렵고, 주주들로부터 유상증자마저도 전망이 밝지 않을 경우 마지막 선택지는 내 투자금을 갚을 의무를 면제시켜주는 것(무상감자)이다.

코스닥시장에서의 상장폐지 자본잠식 기준은 코스피보다 조금 더 엄격하다. 코스닥시장 내 기업들은 코스피시장 대비 규모가 작고 손실에 따른 기업 재무구조가 쉽게 취약해지기 때문에 기존 코스피시장과 동일한 조건에 하나 더 추가된다.

암묵적으로 자본잠식되기 전에 미리 유상증자와 같은 조치를 취하라는 의미다. 정리하면 자본총계(순자산)가 10억 원을 밑돌면 관리 종목으로 지정되고 해소가 안 되면 상장폐지된다. 물론 완전 자본잠식은 바로 상장폐지다.

자본잠식에서 탈피하기 위해 이익을 내야 한다. 그런데 영업으로나 보유 토지 등 재산으로 보나 이익을 내기는 어렵고, 회사 사업성도 주주들에게 어필이 어려워 유상증자마저도 전망이 밝지 않을 경우 마지막 선택지는 뭘까? 마지막 선택은 무상감자다.

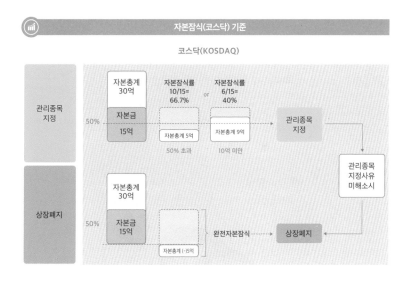

자본잠식(코스닥) 기준

코스닥(KOSDAQ)

감자라는 것은 말 그대로 자본을 줄인다는 건데, 어떻게 이게 자본잠식 조건을 탈피하게 만드냐고 생각할 것이다. 그러나 정해 놓은 조건을 충족시키려면 무상감자가 꽤 좋은 대안이 될 수 있다. 일단 무상감자를 하면 납입자본금 자체가 줄어든다. 자본잠식률은 납입자본금과 자본총계를 비교한다. 결국 분자와 분모 중에 분모가 줄어드니까 자본잠식률을 개선할 수 있다는 것이다.

이해를 돕기 위해 예를 들어보겠다. 납입자본금 100억 원에 순자산(자본총계)이 40억 원일 경우 납입자본금 대비 자본총계가 50%에 미달(40%, 40/100)하기 때문에 상장폐지 대상이 된다. 그런데 납입자본금을 100억 원에서 50억 원으로 줄이면(감자할 경우) 마법처럼 자본총계가 납입자본금의 80%(40/50) 수준으로 올라가고 자본잠식률이 60%에서 20%로 줄어든다. 물론 진정한 '눈 가리고 아웅'이다.

하지만 규정은 규정이고, 지키면 되는 것이기 때문에 코스닥시장에서는 이런 상황이 자주 발생한다. 흔히 이런 경우를 '슬픈 감자탕'이라고 부른다.

나쁜 회사 재무제표

좋은 회사 재무제표

　서점에 나와 있는 재무제표와 주식투자 관련 책을 살펴보면 "이런 회사가 좋으니 투자하라"는 내용이 대부분이다. 주로 장점 위주의 분석이 이루어지다 보니, 정작 피해야 할 기업에 대한 재무제표는 확실히 드러나 보이지 않았다.

　물론 투자하지 말아야 할 회사에 대해 간략히 언급하는 책도 보이긴 했지만, 재무제표를 보는 것도 힘겨워하는 사람들에게 정작 투자를 멀리해야 할 회사인지 그 센스를 가르쳐주는 책은 없었다. 그간 회계사로서 쌓아온 다양하면서도 험난한 실전 경험은 나쁜 회사 재무제표를 설명해줄 수 있는 바탕이 될 수 있었다. 그래서 나쁜 회사 재무제표를 쉽게 풀어서 설명해주는 책을 쓰기로 했고, 지금 이렇게 책으로 출간하기에 이른 것이다. 만약 내 책이 술술 읽힌다면 무엇보다도 회계에 대한 막연한 거리감을 가졌던 주식투자자와 이제 막 회계 공부를 시작한 학생들을 포함한 많은 사람에게 두려움을 덜어줄 수 있는 책이 되지 않을까 희망한다.

처음 회계사가 되고 2년쯤 지났을까? 나 스스로 재무제표에 대해 잘 아는 전문가랍시고 '하이 리스크 하이 리턴'이라는 구호 아래 무모하게 주식투자를 했던 기억이 있다. 당시엔 재무제표 자체는 볼 수 있었지만, 내포하고 있는 다양한 의미를 간과했던 시절이 않았나 싶다. 그저 허울뿐인 회사의 주장을 그대로 순진하게 믿고 숫자에만 집중해서 회사를 판단하고 투자했던 셈이다. 내 소중한 재산을 그만큼 소홀히 대했던 것이다.

결과는 당연히 참담했다. 내가 투자한 회사는 손실에 손실을 거듭하다가 결국 무상감자를 단행했다. 주식토론방에는 무상감자 이후 재무구조개선을 통해 재기가 가능하다고 떠들어대곤 했지만, 말도 안 되는 이야기라는 것은 분명했다. 그래도 마지막 희망을 부여잡고 있던 터라 후회를 남기지 않기 위해 어떻게든 무상감자 이후엔 회사가 어떤 식으로 바뀌나 분석했다.

분석 결과는 무상감자를 한 회사는 대부분 상장폐지에 이른다는 결론을 내어 주었다. 믿기 싫었지만, 사실이었다. 결국 눈물을 머금고 손절매를 해야 했다. 당시 나로서는 엄청났던 금액을 허공에 날린 것이었다. 지금 생각해도 아픈 기억이다.

이후 그 회사는 상장폐지 됐다. 내 분석이 맞았던 것이다. 그나마

나는 상장폐지 전에 팔았기에 적은 돈이라도 건질 수 있었지만, 그때 내 연봉 이상의 금액이 사라지는 것을 목도하며 나는 결심했다. 재무제표를 제대로 보는 일에 자신이 붙을 때까지 절대 주식투자를 하지 않겠노라고.

재무제표에 대해 조금이라도 더 제대로 볼 수 있는 안목이 있었더라면 내 소중한 재산을 날리지 않았을 것이다. 그 아쉬움을 뒤로한 채 열심히 회계사로서의 본분을 다했고, 다양한 영역에서 많은 경험을 쌓을 수 있었다. 어떻게 보면 그때의 손실이 나에게는 좋은 경험이 됐고, 전문가로 불릴 수 있는 실력을 쌓을 수 있게 하지 않았을까 하고 스스로 위안을 삼곤 한다.

아마 나와 같은 경험을 한 사람들은 분명히 많이 있을 것이다. 주식시장은 원천적으로 오르고 내리고를 반복한다. 그렇기 때문에 상장폐지가 되거나 망하지 않는 이상 어느 시점에서든 손해를 복구하거나 이익을 낼 수 있는 시점은 찾아오게 마련이다.

어려운 상황이 닥쳤을 때도 반드시 살아남는 회사와 지금은 좋더라도 나쁜 상황이 닥치기라도 한다면 어려워질 수밖에 없는 회사를 구분할 수 있는 능력이 무엇보다 중요한 것이다.

재무제표를 제대로 볼 수 있다면 그런 능력을 가질 수 있다. 나는 이러한 능력으로 소중한 내 재산을 100%는 아니더라도 다른 사람보다 많이 지킬 수 있을 것이라 확신한다.

책을 쓰면서 중점으로 고려한 것은 한번 보고 버려지지 않을 책으로 만들어 보자는 것이었다. 그래서 한번 읽으면 어느 정도 감이 오고, 두세 번 반복해서 읽으면 나쁜 회사가 될 가능성이 있는 회사의 재무제표는 구분해낼 수 있도록 정리하려 노력했다. 곁에 두고 항상 참고할 수 있는 책이 됐으면 좋겠다.

어느 회사의 재무제표가 참 이상하게 생겼는데 어떤 의미인지 궁금할 경우, 이 책을 펼치면 언제든지 확신을 찾을 수 있는 참고서적이 됐으면 좋겠다. 나쁜 회사들이 하는 재무제표 장난질에 더 이상 넘어가지 않도록 하는 무기가 되기를 바라는 마음이다. 개인적으로는 재무제표를 보는 것만으로도 선량한 투자자를 속이는 나쁜 회사를 걸러낼 수 있다는 사실을 모든 투자자에게 귀띔하는 것만으로

도 큰 보람이 있을 것 같다.

마지막으로 많은 분의 도움 없이는 책이 세상에 나오지 못했다. 우선 내가 몸담고 있는 선일회계법인 반경찬 대표님을 비롯한 김지원 부대표님, 정동수 전무님 외 선후배님들의 깊은 관심에 감사드리며, 더불어 초고에 대해 과감한 의견을 개진해주신 예을생 대표님, 한국투자증권 최선항 팀장님, 삼일회계법인 동기들과 보편적인 시각에서 어려운 부분을 여과 없이 지적해주신 정인환 대표님, 이종상 팀장님, 정광호 감정평가사, 이승욱 세무사에게도 감사를 전한다. 아울러 어글패밀리, 마산 친구들에게도 특별히 고맙다는 인사를 전하고 싶다.

항상 묵묵히 응원해주시는 아버지, 어머니, 장인어른, 장모님께 감사드리며, 누구보다 많은 관심과 사랑으로 책을 완성하는 데 큰 도움을 준 내 아내 솔미와 우리 딸 샛별이, 내 동생 대진이에게도 이 책으로 고마운 마음을 전하고자 한다. 마지막으로 부족한 원고를 완전히 탈바꿈시켜 주신 베가북스 출판사 모든 직원에게도 감사를 표한다.

나쁜 회사 재무제표

초판 1쇄 인쇄 2022년 9월 23일
초판 2쇄 발행 2022년 10월 26일

지은이 | 이대훈
펴낸이 | 권기대
펴낸곳 | ㈜베가북스

주소 | (07261) 서울특별시 영등포구 양산로17길 12, 후민타워 6~7층
대표전화 | 02)322-7241 팩스 | 02)322-7242
출판등록 | 2021년 6월 18일 제2021-000108호
홈페이지 | www.vegabooks.co.kr **이메일** | info@vegabooks.co.kr
ISBN 979-11-92488-11-0(03900)